Glossar und Kurzbiographien

HANDBUCH ZUM ISLAMISCHEN RECHT

BAND VI

Serdar Kurnaz

Glossar und Kurzbiographien

ebv BERLIN

EBVERLAG

Bibliografische Information
der Deutschen Nationalbibliothek

Die Deutsche Nationalbibliothek verzeichnet diese Publikation in der Deutschen Nationalbibliografie; detaillierte bibliografische Daten sind im Internet über http://dnb.d-nb.de abrufbar.

Umschlagmotiv: Derya Kurnaz Eni

Umschlaggestaltung: Rainer Kuhl

Layout: Sina Nikolajew

ISBN: 978-3-86893-415-1

E-Mail: post@ebverlag.de
Internet: www.ebverlag.de

Druck und Bindung: Hubert & Co, Göttingen
Printed in Germany

Inhalt

Vorwort

Das Handbuch zum islamischen Recht besteht aus 6 Bänden. Der vorliegende sechste Band beinhaltet die Erklärung wichtiger Begriffe sowie die Kurzbiographien von Gelehrten und Wissenschaftler:innen[1], die in den restlichen fünf Bänden des Handbuchs vorkommen.

Die ersten fünf Bände sind wie folgt aufgebaut: Band I geht der Entstehung und Entwicklung des islamischen Rechts nach. Band II fasst die theoretische Diskussion um Normkategorien zusammen. Er beinhaltet auch eine Zusammenfassung von ausformulierten Normen aus ausgewählten Bereichen des islamischen Rechts. Band III widmet sich der Frage nach den Quellen des islamischen Rechts und ausgewählten Methoden zur Herleitung von Normen. Band IV geht speziell auf Interpretationsmethoden und damit auf die Frage ein, wie Belege aus den anerkannten Rechtsquellen interpretiert und aus ihnen Normen hergeleitet werden können. Band V setzt im 19. Jahrhundert an und fasst die moderne Entwicklung im islamischen Recht zusammen. Dieser Band hat seinen Schwerpunkt auf der Entwicklung in Deutschland, speziell der universitären Auseinandersetzung mit dem islamischen Recht.

Die Reihenfolge der Bände ergibt sich aus meiner Beobachtung zur Entwicklung des islamischen Rechts: Zur Entstehungszeit des is-

1 Das vorliegende Buch nimmt es sich zum Ziel, eine gendergerechte Sprache zu verwenden. In historischen Bezügen jedoch muss auf das Gendern überwiegend verzichtet werden, da der historische Diskurs weit überwiegend männerdominiert war. Gibt es Ausnahmen, wie etwa im Falle von Prophetengefährt:innen, wird auf die gendergerechte Sprache geachtet.

lamischen Rechts haben semi-professionelle Richter sowie Rechtsgelehrte in ihren Unterrichtszirkeln Normen formuliert. Es haben sich unterschiedliche Praktiken entwickelt, aus denen sich Rechtsschulen herausgebildet haben. Rechtstheoretische, -methodische, -dogmatische und -hermeneutische Überlegungen folgten auf bereits etablierte bzw. sich allmählich durchsetzende Korpora von Normen. Größere Umbrüche und die Suche nach Neujustierungsmöglichkeiten sowie neuen Zugängen finden wir ab dem 19. Jahrhundert. Das heißt nicht, dass es vor dem 19. Jahrhundert keine Änderungen gab – der Rahmen, in dem das Handbuch entstanden ist, erlaubt es jedoch nicht, auf alle Entwicklungen einzeln einzugehen, weshalb Band V spät im 19. Jahrhundert ansetzt. Eine differenzierte Betrachtung der verschiedenen Entwicklungsstufen des islamischen Rechts erfolgt in Band I gesondert.

Ziel des Handbuches ist es, Studierenden der Islamischen Theologie, der Islamwissenschaft sowie der Rechtswissenschaft einen Überblick über die islamischen Rechtswissenschaften zu geben und auf zentrale Entwicklungen, Veränderungen und Konzepte des islamischen Rechts sowie auf die Denkweise der muslimischen Rechtsgelehrten aufmerksam zu machen. Das Handbuch adressiert auf dieselbe Weise das interessierte Publikum, das sich mit der muslimischen Rechtstradition auseinandersetzen möchte.

Obwohl alle Bände inhaltlich zusammenhängen, können sie unabhängig voneinander gelesen werden. Sie sind als in sich geschlossene, eigenständige Einführungen in das jeweilige Thema konzipiert. Dennoch gibt es Querverweise innerhalb der Bände, um auf nähere Informationen an anderer Stelle aufmerksam zu machen. Die Bände I bis V enthalten Übersetzungen aus Primärquellen, die ich so wörtlich wie möglich vorgenommen habe. Sie sollen das Fremde und Bemerkenswerte des Originals in der Zielsprache Deutsch so verständlich wie möglich wiedergeben und als Diskussions- und Vertiefungsgrundlage des jeweiligen Themas dienen. Sofern die zitierte Quelle des arabischen Originals Vokalzeichen beinhaltete, wurden diese übernommen. Die Vokalisationen in den Textbeispielen sind daher nicht einheitlich. Studierende und Leser:innen ohne Arabischkenntnisse, für die die Auseinandersetzung mit den Primärquellen von sekundärer Wichtigkeit ist, können den Inhalt in jedem Fall auch rein aus der Übersetzung verstehen. Jedes Kapitel endet mit einer Zusammenfassung, die die wichtigsten Punkte des jeweiligen Kapitels zusammenträgt.

Band VI hat zwei voneinander unabhängige Teile: Teil 1 umfasst alle technischen Begriffe, die in den ersten fünf Bänden vorkommen. Es kommen daneben auch einige wenige Begriffe vor, die in den islamischen Rechtswissenschaften bekannt sind, aber in den Bänden selbst aufgrund ihrer Konzeption nicht vorkommen. Die Begriffe sind unter Beachtung der auf den Regeln der DMG basierenden Umschrift alphabetisch geordnet. Ausgenommen davon sind die bekannten Rechtsschulen, die ich stets in eingedeutschter Form geschrieben habe. Einige Begriffe habe ich Rechtsschulen zugeordnet, da eine solche Zuordnung in manchen Fällen durchaus möglich ist, wie etwa *ḫafī*, eine versteckte Bedeutung eines Wortes, die nur in hanafitischer Literatur vorkommt. Teil 2 umfasst die Kurzbiographien der Personen, die ebenfalls in den restlichen fünf Bänden vorkommen. Es wurden wenige weitere Namen und Biographien hinzugefügt, die für die Biographie anderer Persönlichkeiten eine Rolle spielen, aber in den fünf Bänden selbst nicht vorkommen. Damit soll gewährleistet werden, dass auch bei der Durchsicht der Biographien bei Verweisen auf andere Gelehrte die Kurzbiographien in Band VI der Einführung gefunden werden können. Die Namen der Gelehrten sind alphabetisch angeordnet, und zwar nach der Form, wie sie in den Bänden I bis V vorkommen. Unabhängig davon habe ich die Gelehrten auch nach ihren bekannten Namen bzw. ihrer *nisba* entsprechend angeführt und auf die vollständige Namensangabe verwiesen. Ein Beispiel: Abū Ḥāmid [Muḥammad ibn Muḥammad] al-Ġazālī ist unter A zu finden. Unter G taucht er auch als al-Ġazālī auf, mit dem Hinweis, nach Abū Ḥāmid al-Ġazālī zu schauen. Damit soll ermöglicht werden, dass man bei der Lektüre der Bände I bis V al-Ġazālīs Biographie ohne großen Aufwand nachschlagen kann. Denn al-Ġazālī erscheint in jedem Band bei der ersten Nennung mit seinem vollständigen Namen, danach aber nur noch mit der *nisba* al-Ġazālī. Vergisst man seinen vollständigen Namen, kann seine Kurzbiographie dennoch leicht mit Rücksicht auf den bekannten Namen bzw. die *nisba* wiedergefunden werden. Diese doppelte Anführung erleichtert den Leser:innen, die wenig mit Gelehrtennamen in Berührung kommen, das Auffinden des Eintrags in der Kurzbiographie. Um diese Struktur beizubehalten, bin ich auch bei solchen Namen auf diese Weise verfahren, bei denen, wie etwa bei modernen Wissenschaftler:innen, Vor- und Nachname klar erkennbar sind.

Der vorliegende Band VI hat kein Literaturverzeichnis. Biographische Informationen sowie die Begriffserklärungen sind den Quellen entnommen, aus denen die Bände I bis V entstanden sind. Ferner habe ich Enzyklopädieeinträge herangezogen, die sich mit islamischen Begriffen und muslimischen Gelehrten befassen. Dazu gehören die *Encyclopaedia of Islam*, Second Edition (*EI*²); die *Encyclopaedia of Islam – Three* (*EI*³); die *Türkiye Diyanet Vakfı İslâm Ansiklopedisi* und das *Lexikon für Kirchen- und Religionsrecht*. Daneben habe ich die folgenden Lexika zu Rate gezogen: Muḥammad ʿAlī at-Tahānawī, *Kaššāf iṣṭilāḥāt al-funūn wa-l-ʿulūm*, ed. von ʿAlī Waḥrūǧ, Beirut: Maktaba Lubnānīya, 1996; ʿAlī ibn Muḥammad as-Sayyid aš-Šarīf al-Ǧurǧānī, *Muʿǧam at-taʿrīfāt*, ed. von Muḥammad Ṣiddīq al-Minšāwī, Kairo: Dār al-Faḍīla, o. J. und Quṭb Muṣṭafā Sānū, *Muʿǧam muṣṭalaḥāt uṣūl al-fiqhīya*, Beirut/Damaskus: Dar al-Fikr al-Muʿāṣir und Dār al-Fikr, 2000. Ich habe ebenfalls das Glossar von Christian Müller, *Recht und historische Entwicklung der Scharia im Islam*, Berlin/Boston: De Gruyter, 2022, 520–530 sowie das *Kompaktwörterbuch Islamischer Rechtsbegriffe* von Abbas Poya und Marianus Hundhammer,[2] Erlangen: FAU University Press 2022 zu Rate gezogen. Für biographische Daten habe ich ferner die folgenden Werke konsultiert: Fuat Sezgin, *Geschichte des arabischen Schrifttums. Band I: Qurʾān-wissenschaften, Ḥadīṯ, Geschichte, Fiqh, Dogmatik, Mystik bis ca. 430 H*, Leiden: Brill, 1967; Carl Brockelmann, *Geschichte der arabischen Litteratur* (*GAL*), 2 Bde., 2.,

2 Poya & Hundhammer, nbn-resolving.org/urn:nbn:de:bvb:29-opus4-199844 (letzter Aufruf 1.12.2022).

den Supplementbänden angepasste Auflage, Leiden: Brill, 1943 und 1949; Abū ʿAbdallāh Šams ad-Dīn aḏ-Ḏahabī, *Siyar aʿlām an-nubalāʾ*, hrsg. von Ḥassān ʿAbd al-Mannān, 2 Bde., alphabetisch neu angeordnet, Amman: Bayt al-Afkār ad-Dawlīya, 2004; Ḫayr ad-Dīn az-Ziriklī, *al-Aʿlām. Qāmūs tarāǧim al-ašhar ar-riǧāl wa-n-nisāʾ min al-ʿarab wa-l-mustaʿrabīn wa-l-mustašriqīn*, Beirut: Dār al-ʿIlm al-Malāyīn, 2002.

Jeder der Bände des Handbuchs zum islamischen Recht profitierte von kritischen Rückmeldungen von Freund:innen und Kolleg:innen. Einige von ihnen haben einzelne oder alle Bände gegengelesen, manche unterstützten mich bei der Literaturbeschaffung und -auswahl, andere gingen sorgfältig die Konzeption des Handbuchs mit mir durch. Ich habe in diesem Sinne Aydın Süer, Bahattin Akyol, Hatem Elliesie, Hureyre Kam, Irem Kurt, Ufuk Topkara und Usama Abdurahman zu danken. Danken möchte ich auch Sina Nikolajew für das umsichtige Lektorat sowie die geduldige und genaue Publikationsvorbereitung. Derya Kurnaz Eni möchte ich für das schöne Motiv, das sie für das Handbuch entworfen hat, danken. Gedankt sei auch Rainer Kuhl vom EB-Verlag für die Betreuung der Reihe und die Aufnahme in das Publikationsprogramm.

Berlin, im Juli 2023

Glossar

A/ʿA

ʿabd: Sklave, Diener

adāʾ: der reguläre Vollzug von Handlungen innerhalb der vorgesehenen Zeit

ʿāda, Pl. *ʿādāt*: Gewohnheit im allgemeinen Sinne

adab al-baḥṯ wa-l-munāẓara: das Genre, in dem diskutiert wird, nach welchen Regeln Nachforschungen betrieben werden können und eine Diskussion (samt Argumentationstechniken) erfolgen soll

adab al-muftī: eine Literaturgattung, die beschreibt, wie eine Fatwa im Idealfall erteilt werden soll

adab al-qāḍī: eine Literaturgattung, die beschreibt, wie ein richterliches Urteil im Idealfall erteilt werden soll

aḍāḥī, uḍḥiya: rituelle Schlachtung bzw. Schächtung eines Tieres als Opfergabe

ʿadāla: Vertrauenswürdigkeit von Zeugen; Rechtschaffenheit von Tradent:innen

aḏān: Gebetsruf zu festgelegten Tageszeiten

adāt/adawāt aš-šarṭ: Bedingungspartikel

ʿādil: rechtschaffen; hadithwissenschaftlicher Begriff für die Überprüfung der Vertrauenswürdigkeit eines Tradenten

adilla, siehe dalīl

afʿāl: ›Handlungen‹; Gemeint sind die Handlungen des Propheten, die in Form von Berichten (Hadithen) tradiert werden.

aǧīr: Erwerbstätiger; *siehe iǧāra*

ʿaǧz: Unfähigkeit

aḥād, siehe ḫabar al-wāḥid

aḫbārīyūn: eine zwölferschiitische Tradition, die einen traditionalistischen Ansatz bevorzugt

ʿahd: Vertrag, Vereinbarung; *siehe auch ʿaqd*

aḫḏ: Inbesitznahme

aḥkām, siehe ḥukm

al-aḥkām al-ʿamalīya: Handlungsnormen

al-aḥkām al-ḫamsa: ›die fünf Regelungskategorien‹ verpflichtend, empfohlen, freigestellt, verpönt und verboten

al-aḥkām al-ḫuluqīya: ethische Normen

al-aḥkām al-ḥissīya: Handlungen, die ohne Offenbarungswissen als gut oder böse eingeordnet werden können, wie etwa Mord (hanafitische Terminologie)

al-aḥkām al-iʿtiqādīya: Glaubensnormen

aḥkām al-Qurʾān: exegetische Werke, die sich mit den rechtsrelevanten Koranversen befassen

aḥkām sulṭānīya: Staatsrecht, Verfassungsrecht, Verwaltungsrecht

al-aḥkām at-taklīfīya: ›[zu einer Handlung] beauftragende Normen‹; ›verpflichtende Normen‹; Normen, die die juristisch verantwortlichen Personen dazu beauftragen, etwas zu tun oder zu unterlassen oder dies empfehlen bzw. freistellen; Damit sind Handlungen entweder verpflichtend (*farḍ/wāǧib*), empfohlen (*mandūb*), freigestellt (*mubāḥ*), verpönt (*makrūh*) oder verboten (*ḥarām/muḥarram*).

al-aḥkām al-waḍʿīya: ›setzende/positive Normen‹, die eine Kondition, Bedingung (*šarṭ*), Hinderungsgrund (*māniʿ*) etc. für Normen setzen bzw. einen Anlass (*sabab*) bestimmen oder die Gültigkeit (*ṣiḥḥa*) bzw. Nichtigkeit (*fasād/buṭlān*) einer Handlung festlegen

al-aḥkām al-wāqiʿīya, siehe al-ḥukm al-wāqiʿī

al-aḥkām aẓ-ẓāhirīya, siehe al-ḥukm aẓ-ẓāhirī

ahl aḏ-ḏimma: nichtmuslimische Schutzbürger; Nichtmuslim:innen, die unter muslimischer Herrschaft leben, eine Steuer (*ḏimma*) zahlen und dadurch Schutz genießen

ahl al-ḥadīṯ: Traditionalisten, die sich entweder nur auf die Überlieferungen vom Propheten berufen oder darüber hinaus auch Überlieferungen der nachfolgenden zwei Generation akzeptieren; Ihr Ausgangspunkt sind Überlieferungen.

ahl ar-raʾy: Rationalisten, die Hadithe nicht verwerfen, aber die rationale Abwägung der bloßen Anwendung von Hadithen vorziehen; Ihr Ausgangspunkt sind rationale Prinzipien.

ahlīya: Geschäftsfähigkeit, Befähigung, Fähigkeit zum Handeln; Sie teilt sich auf in *ahlīyat al-adāʾ*, die tatsächliche Geschäftsfähigkeit (Handlungsbefugnis), und *ahlīyat al-wuǧūb* (auch *ahlīyat aḏ-ḏimma*), also die Fähigkeit, Rechte zu begründen (Obligationsbefugnis).

ʿalāqa: ›Beziehung, Verbindung‹; Verbindung zwischen der metaphorischen und der wörtlichen Bedeutung eines Wortes

ʿalayh al-ʿamal: ›damit wird geurteilt‹; gibt wieder, dass eine Regelung als Fatwa oder richterliches Urteil Anwendung findet

al-alfāẓ al-muʾakkada: Allquantoren wie *kull* (jede:r/alle) und *ǧamīʿ* (alle/ganz/gesamt)

alġāz, siehe luġz

ʿālim, Pl. *ʿulamāʾ*: Gelehrter bzw. Gelehrte; Religionsgelehrte

ama: Sklavin, Dienerin

amān: Aufenthaltserlaubnis für Nichtmuslim:innen unter muslimischer Herrschaft; Sicherheitsgarantie

amāna: Treuhänderschaft

ʿamal ahl al-Madīna: ›die Praxis der Medinenser‹, eine von den Malikiten anerkannte Rechtsquelle, die die Tradition des Propheten begründet bzw. die Echtheit einer überlieferten Praxis des Propheten begründen bzw. widerlegen kann (malikitische Terminologie)

al-ʿamal bi-š-šabahayn: die Berücksichtigung von zwei vorliegenden ähnlichen Fällen in einem neuen, zu regelnden Rechtsfall, um ihn in Anlehnung an die beiden vorausgehenden Ausgangsfälle regeln zu können, denen er ähnelt (hanafitische Terminologie)

amāra: Prämisse, Hinweis

ʿamd: Vorsätzlichkeit, Vorsatz

ʿamdan: vorsätzlich

amīr: Befehlshaber, Amir, Herrscher

al-ʿāmm: ›das Allgemeine‹; eine allgemeine Aussage bzw. ein allgemeines Wort

ʿāmm maḫṣūṣ: ›spezifiziertes Allgemeines‹; eine allgemeine Aussage, die durch spezifische Aussagen spezifiziert und vom Bedeutungsumfang her eingeschränkt wurde

al-amr: ›das Gebieten‹; eine gebietende Aussage bzw. ein gebietender Bericht in den autoritativen Texten

ʿaqār: Immobilien

ʿaqd, Pl. *ʿuqūd*: Vertrag

ʿāqil:a: zurechnungsfähig

ʿāqila: Sippe, Blutsverwandtschaft; Haftungsgruppe

ʿaql: Vernunft, Ratio, Verstand; Rechtsquelle nach der schiitischen Tradition, worunter rational begründete Rechtfindungsmethoden, Schlussformen sowie rational begründete Annahmen fallen

aqwāl: allgemein ›Aussagen, Meinungen‹; Meinungen malikitischer Gelehrter (malikitische Terminologie)

ʿaraḍ, Pl. *aʿrāḍ*: ›Zufälliges, Eigenschaft, Merkmal‹; als *terminus technicus*: ›Akzidenz‹; ein Begriff aus der systematischen Theologie und Philosophie, der eine Eigenschaft von Substanzen (*ǧawāhir*) wiedergibt, die vergänglich ist und mit Substanzen immer wieder zusammengesetzt werden muss, damit Materie und Bewegung zustande kommen

arbāb al-ʿumūm: ›Anhänger des Allgemein-Seins‹; Die Vertreter dieser Position gehen davon aus, dass bestimmte grammatische Formen in der Sprache auf uneingeschränkte allgemeine Bedeutungen hinweisen.

arbāb al-ḫuṣūṣ: ›Anhänger des Spezifisch-Seins‹; Die Vertreter dieser Position gehen davon aus, dass es in der Sprache keine uneingeschränkte allgemeine Bedeutung gibt; sie gehen stets von einer spezifischen Bedeutung aus.

arḍ al-mawāt: ›totes Land‹, das kultiviert werden kann, wodurch Nutzungsrechte oder Besitzverhältnisse entstehen können

ʿāriya: unentgeltliche Leihe

ʿaṣaba: Agnaten; Verwandtschaft väterlicherseits, agnatische Resterben

al-ʿaṣaba bi-ġayrih: ›Resterben durch andere‹; Die agnatische Beziehung geschieht durch andere Personen, darunter befinden sich u. a. Töchter neben dem Sohn, Sohnestöchter und Schwestern neben dem Bruder.

al-ʿaṣaba bi-nafsih: ›Resterben durch sich selbst‹; Die agnatische Beziehung geschieht durch die persönliche, direkte Beziehung wie etwa für Söhne, Sohnessöhne, Vater, Großvater und Brüder.

al-ʿaṣaba maʿa l-ġayr: ›Resterben neben anderen‹; Darunter fallen z. B. vollbürtige bzw. halbbürtige Schwestern väterlicherseits, die zusammen mit einer Tochter bzw. Sohnestochter etc. erben, wenn sie nicht anderweitig agnatisiert oder ausgeschlossen werden.

Aschariten: Ašʿarīya, Ašāʿira; eine systematisch theologische Denktradition (*maḏhab*), deren Anhänger:innen sich auf die Lehren von Abū l-Ḥasan al-Ašʿarī (gest. 324/935–936) berufen. Die Mehrheit der Schafiiten und Malikiten ist ascharitisch.

aṣḥāb: Prophetengefährt:innen; allgemein für Anhänger einer Meinung bzw. einer Rechtsschule

aṣḥāb al-farāʾiḍ: ›Quotenerben‹

aṣḥāb al-masāʾil: ›Leute der Rechtsfragen‹; Gelehrte, die zu bestimmten Rechtsfragen oder in einem Rechtsbereich selbstständig Recht finden können (hanafitische Terminologie)

aṣḥāb at-taḫrīǧ bzw. *al-wuǧūh*: ›Leute der Herleitung bzw. der Erscheinungen‹; Rechtsgelehrte, die in Anlehnung an und mit Hilfe von Einzelfalllösungen und Methoden der Rechtsschulautorität, der sie zugehören, Fälle selbstständig lösen können; Die Bezeichnung *aṣḥāb at-taḫrīǧ* ist eher hanafitisch, *aṣḥāb al-wuǧūh* eher schafiitisch geprägt.

aṣḥāb at-tamyīz: ›Leute der Unterscheidung‹; Rechtsgelehrte, die eine Entscheidung unter bekannten Meinungen treffen können, um die passendste Regelung auf einen Fall anzuwenden (hanafitische Terminologie)

aṣḥāb at-tarǧīḥ: ›Leute der Entscheidung‹; Rechtsgelehrte, die eine Entscheidung unter konkurrierenden Meinungen treffen und starke von schwachen Meinungen unterscheiden können (hanafitische Terminologie)

al-ašhur al-ḥurum: ›die geschützten Monate‹; In den Monaten des Mondkalenders Raǧab (7. Monat), Ḏū l-Qaʿda (11. Monat), Ḏū l-Ḥiǧǧa (12. Monat) und Muḥarram (1. Monat) ist es verboten, Kriege zu führen, zumal in diesen Monaten auch Pilgerfahrten stattfanden. Diese Vorstellung geht auf das vorislamische Arabien zurück.

al-aṣaḥḥ: ›das Korrekteste‹ bzw. ›die korrekteste Meinung‹; Dieser Begriff bezeichnet die Präferenz einer Meinung gegenüber einer anderen, die ebenfalls gültig, aber etwas schwächer ist.

asbāb: ›Anlässe‹; *siehe sabab*

asbāb an-nuzūl: ›Offenbarungsanlässe‹; *siehe sabab an-nuzūl*

asbāb al-wurūd, asbāb wurūd al-ḥadīṯ: ›Anlässe für das Entstehen von Hadithen‹; *siehe sabab wurūd al-ḥadīṯ*

al-ašbāh wa-n-naẓāʾir: ›die sich ähnelnden Fälle‹; eine Literaturgattung zu Rechtsprinzipien, wo auch Fälle behandelt werden, die ähnlich sind und u. a. unterschiedlich bewertet werden können

aṣl: Ausgangsfall im *qiyās*, Grundannahme, Grundlage, Prinzip

ʿatah: beschränkte Zurechnungsfähigkeit, geistige Schwäche

aṯar, Pl. *āṯār*: Überlieferung

aʿwān: Richterassistenten

awǧah: unter konkurrierenden Ansichten die zutreffendste Meinung; möglicherweise ›die am meisten zielgerichtete Meinung‹

awǧuh: mithilfe von *taḫrīǧ* hergeleitete Meinungen (malikitische Terminologie)

ʿawra: Schambereich des Körpers, der bedeckt werden muss; Je nach Rechtsschule können die Vorstellungen variieren; grundsätzlich unterscheiden sich die Vorschriften für Frauen von denen für Männer.

āyat Allāh al-ʿuẓmā: Großayatollah (zwölferschiitische Terminologie); Er ist zum Idschtihad befugt, dem Ayatollah (*āyat Allāh*) übergeordnet und von anderen Ayatollahs als Führungsfigur akzeptiert.

āyāt al-aḥkām: Normverse; Koranverse, die rechtsrelevant sind

ʿayb, Pl. *ʿuyūb*: Mängel der Verkaufsgegenstände, die unter Umständen Auswirkungen auf den Abschluss bzw. nach Abschluss des Vertrags haben können, wie etwa das Rücktrittsrecht (*ḫiyār*, hier: *ḫiyār al-ʿayb*)

ʿayn: ›Sache, Ware, Substanz‹; real existierender Vertrags- bzw. Verkaufsgegenstand; auch Synonym für Substanz (*ǧawhar*)

al-aẓhar: ›das Offensichtlichste‹; eine unter konkurrierenden Meinungen vorzügliche Meinung; die offensichtlich besser begründete Ansicht

ʿazīma: ›Entschlossenheit‹; regulärer Vollzug einer Handlung unter gewöhnlichen Umständen

ʿazīz: ›stark, trefflich‹; eine Hadithkategorie, die zeigt, dass ein Hadith auf jeder Stufe der Überlieferungskette von mindestens zwei Tradent:innen überliefert wurde

B

badīhī: apriorisch bzw. axiomatisch (z.B. Wissen)
baġy: Aufruhr
bāʾiʿ: Tauschpartner, Käufer
bāliġ:a: volljährig
bāṭil: nichtig
bāṭin: innere Bedeutung eines Berichts/Textauszugs/Wortes
bayʿ, Pl. *buyūʿ*: Kaufvertrag bzw. Tauschgeschäft
bayān: ›Erklärung‹; Mitteilung über zu Tuendes und zu Unterlassendes bzw. von etwas Empfohlenem oder Erlaubtem; zudem Klarstellung zur Erklärung einer bereits getroffenen Aussage
baynūna: Trennung der Ehepartner; Es gibt zwei Arten: a) ›klein‹ (*baynūnat aṣ-ṣuġrā*) als ein- bis max. zweimalige Verstoßung der Ehefrau, wobei eine Versöhnung bis zum Ende der Wartezeit ausbleibt; es muss eine neue Ehe vollzogen werden; b) ›groß‹ (*baynūnat al-kubrā*): Nach der dritten Verstoßung der Ehefrau darf der Ehemann dieselbe Frau nicht erneut heiraten, solange sie nicht jemand anderes heiratet und sich von diesem scheiden lässt.
bayt al-māl: Staatskasse
bayyina: Gerichtsbeweis; Beweis, um vor Gericht die Anklage zu begründen bzw. abzuwehren; auch Zeugenbeweis
buṭlān: Nichtigkeit
buyūʿ, siehe bayʿ

D/Ḍ/Ḏ

aḏ-ḏabḥ: das Schächten; Schlachten durch Kehlschnitt, d. i. die Durchtrennung der Speise- und Luftröhre zum vollständigen Ausbluten
ḍābiṭ, Pl. *ḍawābiṭ*: spezifische Rechtsprinzipien bzw. -regeln
ḍābiṭ: ›exakt‹ in der Wiedergabe einer Überlieferung; hadithwissenschaftlicher Begriff für die Überprüfung der Vertrauenswürdigkeit eines Tradenten
ḍaʿīf: ›schwach‹; ein Hadith, dessen Überlieferungskette als schwach eingeordnet wird; Gründe dafür können Lücken, Hinzufügungen

und Unklarheiten in der Kette sowie die Einordnung der Vertrauenswürdigkeit des:der Tradent:innen sein. Tradent:innen selbst können als *ḍaʿīf* bezeichnet werden.

dalāla: Hinweischarakter einer Aussage, auf eine Bedeutung zu verweisen; dieser kann präsumtiv (wahrscheinlich, *ẓannī*) oder definitiv (*qaṭʿī*) sein.

dalīl, Pl. *adilla*: Hinweis bzw. Belegstelle aus den religiösen Quellen Koran und Sunna; Rechtsquelle

dalīl al-ʿaql: ›Hinweis der Vernunft‹; Durch die Vernunftargumentation kann angenommen werden, dass eine Norm aufgrund des Fehlens von Hinweisen und Belegstellen nicht begründet werden kann bzw. eine Handlung erlaubt ist, solange keine Belege zeigen, dass ein Gebot oder Verbot vorliegt. Bei einigen Gelehrten wird sie als Rechtsquelle nach Idschma angeführt.

dalīl al-ḫiṭāb: ›der Hinweis der Ansprache‹, d. h. Umkehrschluss (*argumentum a contrario*); Eine Aussage verweist darauf, dass sie für das Gegenteil nicht gilt.

ḍamān: Schadensersatz, Gefahrtragung bzw. Haftung

ḏanb: Sünde

dār al-ʿahd: ›Haus des Abkommens/Vertrags‹, der Ort bzw. das Herrschaftsgebiet, der bzw. das durch ein Abkommen mit dem muslimischen Herrschaftsgebiet in einem Friedensverhältnis steht

dār ad-daʿwa: ›Haus des Rufes [zum Islam]‹, moderner Begriff, um nichtmuslimische Mehrheitsgesellschaften zu bezeichnen

dār al-ḥarb: ›Haus des Krieges‹, nichtmuslimisches Herrschaftsgebiet; Der Krieg ist keine Voraussetzung für diese Bezeichnung.

dār al-iǧāba: ›Haus der Antwort [auf die Einladung zum Islam]‹, moderner Begriff, um muslimische Mehrheitsgesellschaften zu bezeichnen

dār al-islām: ›Haus des Islams‹, muslimisches Herrschaftsgebiet bzw. ein Ort, an dem Muslim:innen ihren religiösen Pflichten nachkommen können

dār al-kufr: ›Haus des Unglaubens‹, nichtmuslimisches Herrschaftsgebiet

dār aš-šahāda: ›Haus der Bezeugung‹, moderner Begriff als Gegenentwurf des Konzepts des *dār al-ḥarb* und *dār al-Islām*

dār aṣ-ṣulḥ: ›Haus der Versöhnung‹, der Ort bzw. das Herrschaftsgebiet, der bzw. das durch ein Abkommen mit dem muslimischen Herrschaftsgebiet in einem Friedensverhältnis steht

dār al-iftāʾ: ›Haus des Fatwa-Wesens‹; (staatliche) Einrichtung zur Erteilung von Fatwas (moderner Begriff)

dār al-Qurʾān: ›Haus des Korans‹; Lehreinrichtung u. a. für das Erlernen der Koranrezitation

dār al-qurrāʾ: ›Haus der Koranrezitatoren‹; Lehreinrichtung u. a. für das Erlernen der Koranrezitation

dār as-sunan: ›Haus der Traditionen/Sunna‹; Lehreinrichtung u. a. für das Erlernen von Hadithen und Rechtswissenschaften

dār al-ʿilm: ›Haus des Wissens‹; Lehreinrichtung bzw. eine Bibliothek, in der Studierende diverse (auch nicht religiös begründete) Wissenschaften studieren konnten

dār al-ḥadīṯ: ›Haus des Hadith‹; Lehreinrichtung, in der Hadithe und Hadithwissenschaften studiert werden konnten; Solche Einrichtungen konnten unabhängig existieren oder zu einer Medrese gehören.

ḍarar: Schaden; Schädigung

ḍarība: Steuer für Verwaltungsakte, Gebühren

ḍarūrī: notwendig, z. B. notwendig zu schützende Interessen, *siehe ḍarūrīyāt* und *maqāṣid*; notwendiges Wissen, *siehe al-ʿilm aḍ-ḍarūrī*

ḍarūrīyāt, auch *aḍ-ḍarūrāt al-ḫamsa*: notwendig zu schützende Interessen: Schutz des Lebens, der Vernunft, der Religion, des Vermögens und der Nachkommenschaft

dayn: Schulden; zu erbringende Verpflichtung

daʿwa: Einladung zum Islam

daʿwā: Klage, gerichtliche Anklage

ḍawābiṭ, siehe ḍābiṭ

dawām: ›Dauerhaftigkeit‹; fortwährende Befolgung einer Aufforderung

dawāwīn as-sabʿa: ›die sieben Sammlungen‹; kanonische Werke der malikitischen rechtspraktischen (*furūʿ*-)Literatur

ḏawū l-arḥām: Kognaten; Verwandte, die nach den Quoten- und Resterben vom Erbe einen Teil erben dürfen

ḏikr: Gottesgedenken u. a. durch lautes oder leises Wiederholen von Lobpreisungen Gottes oder ähnlichen Formeln

ḏimma: Haftung, Schuld, Verantwortung, Verpflichtung, Persönlichkeitsrecht

ḏimmī:ya: Schutzbefohlene:r; Nichtmuslim:innen, die unter muslimischer Herrschaft lebten

dīnār: Goldmünze, hergeleitet von latein. *denarius*

dirham: Silbermünze, hergeleitet von griech. Drachme

dīwān: (Gerichts-)Archiv, Soldatenregister

diya: Wergeld, Blutgeld

Dschafariten: Ǧaʿfariten, zwölferschiitische Rechtsschule, die auf den sechsten Imam Ǧaʿfar aṣ-Ṣādiq (gest. 148/765) zurückgeht

duʿāʾ: Bittgebet, zumeist ohne feste Form

ḏū š-šabhayn: ›ähnelnd‹, Pflichten, deren Bestandteile in der vorgesehenen Zeit teils mehrmals und andere nur einmal vollzogen werden können, wie etwa die mehrmalige Umrundung der Kaaba und die einmalige Pilgersaison in einem Mondkalenderjahr

dustūr: Verfassung (modern); osmanisch: Sammlung juristischer Dokumente

F

faḍāʾil, Sg. *faḍīla*: Tugenden; wünschenswerte Handlungen (Kategorie innerhalb *al-aḥkām at-taklīfīya*)

faḥwā l-ḫiṭāb: ›Sinn der Ansprache‹; eine von einer Aussage implizierte Bedeutung, Erst-recht-Argument (*argumentum a fortiori*)

fāʾida, Pl. *fawāʾid*: ›Nutzen‹; spezifische Rechtsprinzipien, -regeln; Kapitelüberschriften für Unterkapitel in einem Buch

faqīh, Pl. *fuqahāʾ*: Rechtsgelehrter

faqīh mušāwar: ›beratender Rechtsgelehrter‹, andalusisch-malikitische Praxis: Für die Rechtsprechung gab es einen Gelehrtenausschuss, der die Kadis beriet.

farʿ, Pl. *furūʿ*: ›Zweig‹; Zielfall bzw. Einzelfall in der Rechtspraxis

farāʾiḍ, Sg. *farīḍa*: ›Verpflichtungen‹; im *furūʿ*: Erbverteilung bzw. Erbrecht

farḍ: Verpflichtung; Pflicht

fasād: Nichtigkeit bzw. Anfechtbarkeit

fasḫ: Anfechtung

fāsid: nichtig, ungültig; mangelhaft

fatḥ aḏ-ḏarīʿa/aḏ-ḏarāʾiʿ: ›Öffnung von Rechtsmitteln‹ (malikitische Terminologie); Die Mittel, die zum Erlaubten führen, sind selbst auch erlaubt.

fatwā/futyā, Pl. *fatāwā/fatāwī*: Fatwa, Rechtsgutachten eines Gelehrten

fawāʾid, siehe fāʾida

fayʾ: Sammelbegriff für Einnahmen des muslimischen Herrschers von nichtmuslimischen Untertanen bzw. Beute aus Eroberungen ohne kriegerische Auseinandersetzung

fawr: ›sofortige Befolgung‹; bezeichnet die Auffassung, dass eine gebietende Aussage sofort befolgt werden muss und nicht erst im Nachhinein befolgt werden kann

fidya: ›Lösegeld, Loskauf‹; Zahlungen für unterlassene oder mangelhaft vollzogene gottesdienstliche Handlungen; Lösegeld für die Befreiung aus Kriegsgefangenschaft

fiqh: ›das Verstehen‹; islamisches Recht bzw. Rechtswissenschaften

fiqh al-aqallīyāt: islamisches Minderheitenrecht bzw. Rechtskonzeptionen für Muslim:innen, die in mehrheitlich nichtmuslimischen Gesellschaften leben; Konzeptualisierung im 20. Jahrhundert; darunter auch Konzepte wie *fiqh al-muwāṭana* (*fiqh* der Staatsbürgerschaft) und *fiqh at-taʿāyuš* (*fiqh* der Koexistenz/des Zusammenlebens)

fiqh al-muwāṭana: ›*fiqh* der Staatsbürgerschaft‹, *siehe fiqh al-aqallīyāt*

fiqh an-nisāʾ: ›frauenbezogene Rechtswissenschaft‹

fiqh at-taʿāyuš ‹*fiqh* des Zusammenlebens‹, *siehe fiqh al-aqallīyāt*

fiqh al-wāqiʿ: ›*fiqh* aktueller Geschehnisse‹, *siehe fiqh al-aqallīyāt*

fiṭra: die ›natürliche Veranlagung‹ des Menschen

Fünferschiiten, *siehe* Zayditen

fulūs, Sg. *fals*: Kupfermünzen

fuqahāʾ, *siehe faqīh*

al-fuqahāʾ as-sabʿa: ›die sieben Rechtsgelehrten‹; sieben Rechtsgelehrte aus der Nachfolgergeneration (*tābiʿūn*) aus Medina: 1. ʿUrwa ibn az-Zubayr (gest. 93/712), 2. Saʿīd ibn al-Musayyib (gest. 94/713), 3. ʿUbaydallāh ibn ʿAbdallāh (gest. 98/716), 4. Ḫāriǧa ibn Zayd (gest. 100/718), 5. al-Qāsim ibn Muḥammad ibn Abī Bakr (gest. 102/720) 6. Sulaymān ibn Yasār (gest. 107/725); 7. Abū Bakr ibn

ʿAbd ar-Raḥmān ibn al-Ḥāriṯ (gest. 94/713); Anstelle von Abū Bakr ibn ʿAbd ar-Raḥmān werden alternativ auch Abū Salama ibn ʿAbd ar-Raḥmān ibn ʿAwf (gest. 94/713) und Sālim ibn ʿAbdallāh ibn ʿUmar (gest. 106/724) genannt.

furūʿ al-fiqh: ›Zweige des Verstehens‹; rechtspraktische Normen und Literatur, Sammlung der Rechtsmeinungen; Theorie der Rechtspraxis

furūq, Sg. *farq*: ›Unterschiede‹; Disziplin sowie Gruppe von Werken, die Unterschiede in ähnlich anmutenden Fällen u. a. mit Rücksicht auf Rechtsprinzipien bespricht

G/Ġ/Ğ

ğadal: Disput, Diskussion, Dialektik

Ğaʿfariten (*siehe* Dschafariten)

ġāʾib: verschollen, abwesend

ğāʾiz: zulässig

ġalabat aẓ-ẓann: überwiegende Vermutung, durch verschiedene Indikatoren bestärktes wahrscheinliches Wissen; Zwischenstufe zwischen *ẓann* und *yaqīn* bzw. *ʿilm*

ğamʿ: ›Sammeln, Zusammenbringen‹; in *uṣūl al-fiqh*: Zusammenführung und Harmonisierung von sich widersprechenden Hinweisen, Belegstellen und Meinungen; in *furūʿ al-fiqh*: die Zusammenlegung von zwei Gebeten zu einem Zeitpunkt

ğāmiʿ: Überlieferungswerke bzw. Hadithkompilationen, die Hadithe zu den folgenden Themen beinhalten: Glaube und Glaubensgrundsätze, Recht bzw. *aḥkām* (gottesdienstliche Handlungen, darunter auch Speisevorschriften), zwischenmenschliche Beziehungen), *riqāq* (Ethik und Erziehung der Seele), Etikette (Speise, Verhalten und Reise), Koranexegese, Geschichte und Prophetenbiographie, Endzeitliches (Apokalypse), die Vorzüglichkeit (*manāqib*, Sg. *manqib/manqaba*) des Propheten und seiner Gefährt:innen; auch: (große) Moschee, *siehe auch masğid*

ğanāba: ›Ausschluss, Fernhaltung‹; der Zustand der großen rituellen Unreinheit durch etwa Geschlechtsverkehr (*ğimāʿ*) oder Menstruation (*ḥayḍ*) und damit verbunden der Ausschluss vom Vollzug gottesdienstlicher Handlungen wie etwa dem Verrichten des Pflichtgebets (*ṣalāt*)

ğarāʾiḥ: Körperverletzung

al-ğarḥ wa-t-taʿdīl: ›Verletzen und ins Gleichgewicht bringen‹; Tradentenkritik, in der eingeordnet wird, ob ein:e Tradent:in vertrauenswürdig und in der Weitergabe der Überlieferung genau ist

ġanīma: Kriegsbeute

ġarar: Risiko bzw. Unvorhersehbarkeit in einem Vertrag, das bzw. die zur Intransparenz führt

ğarḥ, Pl. *ğarāʾiḥ*: Verletzung

ġarīb: ›seltsam, eigenartig, fremd‹; Hadithe, die einfach bzw. auf einer Stufe der Überlieferkette nur von einem Tradenten überliefert worden sind

ğarīma, Pl. *ğarāʾim*: Verbrechen

ġaṣb: Usurpation; unrechtmäßiges Aneignen fremden Eigen- und Besitztums

ğawāz: Zulässigkeit

ğawhar, Pl. *ğawāhir*: ›Wesenheit, Stoff‹; *terminus technicus*: Substanz, ein Begriff aus der systematischen Theologie und Philosophie; das selbstständig Seiende, das unveränderlich und beständig ist, woran Akzidenzien andocken können

ġāya: Begrenzung etwa einer allgemeinen Aussage

ġayr lāzim: nicht bindend (vertragsrechtlich)

ġayr munʿaqid: unwirksam (vertragsrechtlich)

ġayr nāfiḏ: schwebend unwirksam

ġazwa: Razzia bzw. Kriegszug, Schlacht

ğihād: Dschihad; Darunter sind sowohl aktiver als auch passiver Krieg zu verstehen als auch die Erziehung der Seele und die Einhaltung der religiösen Gebote und Verbote.

ğilwāz: Aufseher im Gericht

ğimāʿ: Geschlechtsverkehr zwischen Frau und Mann

ğināyāt, Sg. *ğināya*: Tötungs- und Verletzungsdelikte, Verbrechen

ğizya: Steuer, die nichtmuslimische Untertanen dem muslimischen Herrscher für den Schutz, den sie genossen, zahlen mussten

ǧumʿa, ṣalāt al-ǧumʿa: Freitagsgebet, zur Mittagszeit festgelegtes Gemeinschaftsgebet mit einer obligatorischen Predigt

ǧunāḥ: Sünde, auch *ḏanb, iṯm* und *maʿṣiya*

ǧunub: große rituelle Unreinheit durch etwa Geschlechtsverkehr

ǧunūn: fehlende Zurechnungsfähigkeit; Verlust geistiger Kräfte

ġurm: Entschädigung

ġusl: ›Waschung‹; große rituelle Reinigung, Ganzkörperwaschung

H/Ḥ/Ḫ

ḫabar, Pl. *aḫbār*: ›Nachricht‹; Überlieferungen von Prophetengefährten und späteren Generationen im engeren sowie Nachrichten im weitesten Sinne als Erkenntnisquelle; deskriptive Aussage, *siehe auch iḫbārī*

ḫabar al-wāḥid: Einzeltradition; Überlieferungen, die nicht die Stufe des *tawātur* erreichen

ḫabīṯ: unrein

ḥaḍāna: Personensorge; Sorgerecht

ḥadaṯ: physische Unreinheit

ḥadd, Pl. *ḥudūd*: ›Grenze‹; (Körper-)Strafen, die durch Koran und Sunna festgelegt sind; Dazu gehört die Bestrafung von Diebstahl, Unzucht, Verleumdung und Wegelagerei. Die Bestrafung von Alkoholkonsum wird oft als *ḥadd* eingeordnet; umstritten ist die Bestrafung bei Apostasie (*irtidād*) oder Aufruhr (*baġy*).

ḫādim: Bediensteter in einer Medrese

ḥadīṯ: Hadith, ›Erzählung, Bericht‹; Bericht über die Aussagen (*aqwāl*), Handlungen (*afʿāl*) und Billigung (*iqrār*) des Propheten, der aus einer Überlieferungskette (*sanad/isnād*) und einem Text (*matn*) besteht

ḫafāʾ: allgemeiner Begriff für die Wiedergabe der Unklarheit einer Aussage bzw. eines Wortes

al-ḫafī: ›das Versteckte‹; Die Bedeutung einer Aussage wird durch äußere Umstände unklar, wie etwa die spezifische Nutzung des Wortes ›Diebstahl‹, sodass es nicht allgemein als ›unrechtmäßiges Entwenden fremden Besitzes‹ verstanden werden kann (hanafitische Terminologie).

ḥağğ: Pilgerfahrt mit festen Abläufen zu bestimmten Zeiten im Monat Ḏū l-Ḥiğğa. Sie hat verschiedene Formen wie *ifrād, qirān* und *tamattuʿ*.

ḥāğib: Aufseher im Gerichtssaal

ḥāğīyāt: bedürfnisorientierte Interessen, die unter die Kategorie ›freigelassene Interessen‹ (*maṣlaḥa mursala*) fallen, wie etwa die Berücksichtigung von juristischen Lizenzen (*ruḫaṣ*, Sg. *ruḫṣa*), *siehe auch maqāṣid und maṣlaḥa*

ḥağr: beschränkte Rechtsfähigkeit

ḥakam, Pl. *ḥukkām*: Streitschlichter, Schiedsrichter (auch vorislamisch)

ḥākim (*šāriʿ*): Gesetzgeber, Richter, Schiedsrichter

ḥalāl: erlaubt

ḫalīfa: Stellvertreter; Kalif

ḥalqa: Lehrzirkel

ḫamr: Wein aus Trauben

Hanafiten: *Ḥanafīya, Aḥnāf*; eine Rechtsschule (*maḏhab*), die auf die Lehren von Abū Ḥanīfa (gest. 150/767) zurückgeht

ḥanaṯ: Meineid

Hanbaliten: *Ḥanbalīya, Ḥanābila*; eine Rechtsschule (*maḏhab*), die auf die Lehren von Aḥmad ibn Ḥanbal (gest. 241/855) zurückgeht

ḫān: Unterkunft für Studierende der Medresen

ḫānqāh: Ort, den Sufis für Lehrzwecke und gottesdienstliche Zusammenkünfte sowie als Unterkunft nutzen

ḥaqīqa: ›Wirklichkeit, Tatsache, Realität‹; wörtliche Bedeutung einer Aussage

ḥaqīqī, siehe ḥaqīqa

ḥaqq al-ʿibād: Recht des/der Menschen, Individualrecht, *siehe ḥuqūq al-ʿibād*

ḥaqq Allāh: Gottes Recht, kollektives Recht, *siehe ḥuqūq Allāh*

ḥarbī: Gegner, Nichtmuslim:innen, die nicht Teil der muslimischen Gesellschaft sind

ḫarāğ: Bodensteuer, Steuer

ḥarām: Verbot, verboten

ḥarām li-ʿaynihi: Handlungen, die um ihrer selbst willen verboten sind, wie etwa der Konsum von Schweinefleisch *ḥarām li-ġayrihi*: Handlungen, die durch umgebende Faktoren für verboten erklärt werden, wie etwa das Verbot, Verträge abzuschließen, deren Verkaufsgegenstände zu den verbotenen Gegenständen gehören, wie etwa beim Verkauf von Alkoholika

ḥarb: Krieg

ḫarīṭa: ›Umschlag‹, Archiv für Gerichtsdokumente

ḫaṣāʾiṣ an-nabawīya: ›prophetische Besonderheiten‹; Spezialregelungen für den Propheten

ḥasan: ›gut, schön‹; hadithwissenschaftlich: Hadithe, deren Überlieferungskette bzw. die dort zu findenden Tradenten vertrauenswürdig sind, aber nicht zu den vertrauenswürdigsten Tradenten gehören bzw. in ihrem Auffassungsvermögen leichte Mangel aufweisen; systematisch-theologisch: die Qualität einer Handlung, gut zu sein

ḥāšiya, Pl. *ḥawāšī*: Randglosse, Superkommentar, Marginalie; kurze Kommentare am Rand eines Haupttextes; u. a. auch Synonym für *šarḥ* (Kommentar)

al-ḫāṣṣ: ›das Spezifische‹; spezifische Aussage bzw. spezifisches Wort

ḫaṭaʾ: ›Fehler‹; strafrechtlich: Fahrlässigkeit, darunter fahrlässige Tötung und Körperverletzung

ḫaṭīb: Prediger

ḥawādiṯ: ›Ereignisse‹; reales Fallbeispiel; tatsächliche Rechtsanwendung

ḥawāss, Sg. *ḥiss*: Sinneswahrnehmung, Erkenntnisquelle; Durch Sinneswahrnehmung entsteht nach vormoderner Auffassung notwendiges Wissen (*al-ʿilm aḍ-ḍarūrī*).

ḥayḍ: Menstruation mit einer (definierten) Höchstdauer von 10 bzw. 15 Tagen

ḥawza: Lehreinrichtung (schiitische Terminologie)

hiba: Schenkung

ḥiǧāb: einteiliges Kopftuch

ḥill: das Erlaubt-Sein einer Handlung

al-ḥīla aš-šarʿīya, Pl. *ḥiyal*: Rechtskniffe; Lösungen, die mit Rücksicht auf das Rechtssystem verbotene bzw. bedenkliche Handlungen und Transaktionen ermöglichen

ḫilāf, *ḫilāfīyāt*: Meinungsverschiedenheit, Uneinigkeit; *ḫilāfīyāt* auch im Sinne der systematischen Auseinandersetzung mit Meinungsverschiedenheiten

ḫilāfa: Kalifat

ḥirāba: Wegelagerei, Straßenraub

ḥirz: Gewahrsam von Eigentum, Bedingung für den Tatbestand des Diebstahls (*sariqa*)

ḥisba: eine Institution, die die Ordnung wahren soll (›Ordnungsamt‹); Kontrolle des Marktes bzw. des öffentlichen Raums

ḥiss: Sinneswahrnehmung, *siehe ḥawāss*

ḫiṭāb: Ansprache

ḫiṭāb Allāh: Rede bzw. Ansprache Gottes

ḫiṭāb aš-šāriʿ: Ansprache des Gesetzgebers

ḥiyal, siehe al-ḥīla aš-šarʿīya

ḫiyār: Rücktrittsrecht

ḫiyār al-ʿayb: Rücktrittsrecht bei Ermittlung von Mängeln

ḫiyār ar-ruʾya: Rücktrittsrecht nach Betrachten des Verkaufsgegenstands

ḥudūd, siehe ḥadd

ḥuǧǧa: Beweis, Argument

ḥuǧǧīya: Beweiskraft; Fähigkeit, ein Beweis zu sein

ḥukm, aḥkām: Regelung, Norm, Urteil, Rechtsfolge

al-ḥukm al-wāqiʿī: ›wirkliches Urteil bzw. tatsächliche Norm‹, die ohne Zweifel tatsächlich für den untersuchten Fall gilt und gültig ist, wie etwa die Verpflichtung des Gebets unzweifelhaft für das Gebet gilt (zwölferschiitische Terminologie)

al-ḥukm aẓ-ẓāhirī: ›scheinbares Urteil bzw. scheinbare Norm‹; eine Norm, die nicht ohne Zweifel für den jeweiligen Fall bestimmt werden kann (zwölferschiitische Terminologie)

ḫulʿ: Loskaufscheidung, auch: *muḫālaʿa*; Die Ehefrau händigt dem Ehemann eine im Einvernehmen bestimmte Summe aus, um die Ehe zu beenden.

ḫunṯā: ›drittes Geschlecht, Hermaphrodit‹ bzw. Personen, die Merkmale der Geschlechter ›Mann‹ und ›Frau‹ aufweisen

ḥuqūq Allāh: ›Gottes Rechte‹ bzw. kollektives Recht bzw. Interesse; Eine staatliche Sanktionierung ist auch ohne konkreten Kläger möglich, falls ein solches Interesse bzw. Recht verletzt wird.

ḥuqūq al-ʿibād: ›Rechte der Diener‹ bzw. › Rechte der Menschen‹; individuelles Recht bzw. Interesse von Personen

ḥuqūq muǧtamaʿa bzw. *muḫtalaṭa*: ›gemischte Rechtsansprüche‹ zwischen Rechten Gottes und der Menschen

ḥuqūq ʿurfīya, siehe qānūnnāme

ḥurma: das Verboten-Sein einer Handlung; die Unversehrtheit des menschlichen Körpers

ḥurūf al-maʿānī: Partikel, wie etwa Fragepartikel, und Präpositionen

al-ḥusn: das Gute

ḫuṣūṣ: das Spezifisch-Sein

ḫuṣūṣ as-sabab: ›der spezifische Anlass‹ einer Aussage bzw. eines Berichts aus den religiösen Quellen

ḫuṭba: Predigt

I/ʿI

iʿāda: Wiederholung einer bereits vollzogenen Handlung

ʿibādāt, Sg. *ʿibāda*: gottesdienstliche Handlungen, wie etwa das Gebet und das Fasten

al-ibāḥa: ›das Freigestellt-Sein von Handlungen‹

al-ibāḥa al-aṣlīya: ›das grundsätzliche Frei-Sein von Handlungen‹; Solange nicht ein Hinweis zeigt, dass eine Handlung geboten, verboten, empfohlen oder verpönt ist, ist der Vollzug der Handlung dem:der Gläubigen freigestellt.

ʿibārat an-naṣṣ: ›Ausdruck des Textes‹; Die Bedeutung resultiert aus dem äußeren Wortlaut einer Aussage (hanafitische Terminologie).

Ibaditen: Ibāḍīya, eine nicht-sunnitische Rechtsschule (*maḏhab*), die auf ʿAbdallāh ibn Ibāḍ (gest. etwa 2./8. Jahrhundert) zurückgeht

ʿīd: religiöser Festtag; Die beiden größeren Feste heißen *ʿīd al-fiṭr* (Festtag des Fastenbrechens) nach dem Ramadan in den ersten drei Tagen des Monats Šawwāl und *ʿīd al-aḍḥā* (Opferfest) ab dem 10. Ḏū l-Ḥiǧǧa.

iʿḏār: die Möglichkeit für den:die Angeklagte:n, vor Gericht seine:ihre Argumente und Beweise gegen die Klage vorzulegen

ʿidda: Wartezeit der Ehefrau nach der Scheidung über die Dauer von drei Perioden (*qurūʾ*), *siehe qurūʾ*

idrāǧ: Hinzufügung, z. B. im Überlieferungstext oder in der Überliefererkette *iftāʾ, siehe fatwā*: Fatwa-Erteilung

ifṭār: Fastenbrechen

īǧāb: ›Verbindlichkeit, Bejahen‹; *uṣūl al-fiqh*: das Verpflichtend-Sein einer Handlung; *furūʿ al-fiqh*: im Vertragsrecht: Angebot

iǧāra: Miet- bzw. Dienstvertrag

iǧāza: ›Erlaubnis‹; die Erlaubnis zu lehren, Hadithe zu tradieren, Fatwas zu erteilen etc.

iǧmāʿ: Idschma, Konsens der Gelehrten über einen rechtsrelevanten Fall. Es gibt verschiedene Typen wie eindeutig (*iǧmāʿ aṣ-ṣarīḥ*), stillschweigend (*as-sukūtī*) und implizit (*ḍimnī*).

iǧtihād: Idschtihad; die Herleitung von Normen aus den Rechtsquellen sowie das Füllen von Rechtslücken mit Hilfe diverser Methoden zur Herleitung von Normen

iǧtihād ǧamāʿī: ›kollektiver Idschtihad‹ von Gelehrten aus verschiedenen Traditionen gemeinsam mit Expert:innen aus nicht-religiösen Wissenschaften (modern)

iǧtihād maqṣadī: ›*maqāṣid*-basierter Idschtihad‹ (modern)

iǧzāʾ: ›das Genügen‹ der vollzogenen Handlung, damit die Verpflichtung, sie zu vollziehen, entfällt

iḫbārī: ›deskriptiv‹, eine einen Umstand etc. beschreibende Aussage

iḥrām: Weihezustand während der Pilgerfahrt; In diesem Zustand sind einige Handlungen verboten, die ansonsten zulässig sind, wie etwa Jagen, Geschlechtsverkehr und Körperhygiene.

iḥsān: Wohltat im allgemeinen Sinne

iḫtilāf: Meinungsverschiedenheit, Dissens, Uneinigkeit; als Genre Werke, die sich auf Meinungsverschiedenheiten konzentrieren

iḫtilāf al-fuqahāʾ: Rechtswerke, die sich auf den Dissens und Konsens der Rechtsschulen konzentrieren

iḥyāʾ al-mawāt: Wiederbeleben ›toter‹ Ländereien, *siehe arḍ al-mawt*

ikrāh: Zwang, Nötigung

īlāʾ: Scheidung durch Schwur auf Verzicht auf Geschlechtsverkehr seitens des Ehemannes

ʿilla: Rechtsgrund, worauf eine Norm basiert

ʿilm: Wissen im allgemeinen Sinne

al-ʿilm aḍ-ḍarūrī: ›notwendiges Wissen‹, das etwa durch die Sinneswahrnehmung oder durch apriorisches Wissen zustande kommt

ʿilm al-ḥāl (osman. *ilm-i hâl*; türk. *ilmihal*): Katechismen zu den religiösen Verpflichtungen von Muslim:innen, die Einblicke darin geben, welche Handlungen zu unterlassen bzw. welche zu vollziehen erlaubt sind

al-ʿilm al-muktasab: ›erworbenes Wissen‹, dass durch Reflexion und Nachdenken zustande kommt und entweder rein rational, rein überlieferungsbasiert oder aus der Kombination beider entsteht

imām: Vorbeter, Herrscher, als Ehrentitel besonders einflussreicher Gelehrter; politische und religiöse Autorität in der Abstammungslinie bzw. von der Familie des Propheten (schiitische Terminologie)

imāma: Imamat

imlāʾ: Diktat

imsāk: ›Enthaltung, Zurückhaltung‹, Fastenbeginn vor/bei Morgendämmerung

infāq: freiwillige Almosengabe

inšāʾī: ›etwas begründend‹, präskriptiv; eine Aussage bzw. ein Bericht, die bzw. der vorschreibt, etwas zu tun

intifāʿ: Nutznießung, Nutzung

inqirāḍ al-ʿaṣr: ›das Erlöschen eines Zeitalters‹, das Vergehen eines Zeitalters, um für einen Konsens ermitteln zu können, ob alle Gelehrten, die einen Konsens schlossen, ohne die Meinung verändert zu haben, verstorben sind (umstrittene Bedingung eines Idschma)

iqāma: ›Aufrichten, Verrichten‹; Gebetsaufruf nach dem Gebetsruf zum gemeinschaftlichen Gebet

iqrār, taqrīr: ›Billigung‹; Aussagen darüber, was der Prophet stillschweigend zugelassen hat; im Gerichtssaal: Geständnis

iqṭāʿ: ›als Lehen übergebenes Land‹; Immobilien und Ackerfelder, die die Herrschenden Personen für die Nutzung übertragen konnten; Militärlehen

iqtiḍāʾ an-naṣṣ: ›das Erfordernis des Textes‹; Ein Bericht bzw. eine Aussage wird ergänzt, um sinnvoll zu werden; der Text verweist auf eine notwendige Ergänzung (hanafitische Terminologie).

irāda: Wille, hier: des Gesetzgebers

al-irāda al-amrīya/at-tašrīʿīya, irādat at-tašrīʿ: gesetzgeberischer Wille Gottes *al-irāda al-ḫalqīya/at-takwīnīya, irādat at-takwīn*: schöpferischer Wille Gottes

irtidād: Apostasie

iʿsār: Zahlungsunfähigkeit, ›Zustand der Erschwernis‹

išārat an-naṣṣ: ›Anspielung des Textes‹, wodurch aus Implikationen Normen hergeleitet werden können (hanafitische Terminologie)

ism: Nomen, Eigennamen

ism al-ǧins: Gattungsbegriff

al-ism al-mawṣūl: Relativpronomen

al-ism al-mufrad: Singular

ʿiṣma: das ›Geschützt-Sein‹; Nach der Vorstellung von Theolog:innen sind Propheten vor Fehlern und/oder Sünden geschützt (sunnitisch-schiitisch); nach zwölferschiitischer Vorstellung sind Imame vor Fehlern und Sünden ebenfalls geschützt. ferner: der grundsätzliche Schutz des Lebens und Vermögens der Menschen unabhängig der religiösen Zugehörigkeit

Ismailiten: Ismāʿīlīya, Sabʿīya (Siebenerschiiten), eine schiitische Denktradition, die sich auf Ismāʿīl (gest. 138/755–756), den Sohn Ǧaʿfar aṣ-Ṣādiqs (gest. 148/765), berufen und sich deswegen von den Zwölferschiiten (Iṯnāʿašarīya) abspalteten

isnād: Überlieferungskette einer Überlieferung, in der alle Tradenten wiedergefunden und Hinweise darauf abgelesen werden können, auf welchem Wege der Informationsaustausch geschah

istiʿāra: Metapher

istidlāl: Beweisführung, Argumentation mit Rücksicht auf Belegstellen aus den Referenzquellen, einen Schluss zu ziehen

istiḥāḍa: Blutungen bei Frauen, die über die Höchstdauer der Menstruation hinausgehen

istiḫbār: ›Einforderung einer Nachricht‹; Frage: Aussagetyp der Einforderung einer Benachrichtigung

istiḥāla: Umwandlung von Substanzen in neue Substanzen

istiḥsān: ›das Für-gut-Halten‹; eine Methode, die es erlaubt, eine Ausnahme zum Regelfall zu treffen, um das Interesse der Menschen zu schützen oder Schaden abzuwehren

istinbāṭ: ›Herleitung‹; Herleitung von Normen aus den autoritativen religiösen Texten

istiṣḥāb al-ḥāl: ›Präsumtion des Fortbestehens‹; Man nimmt an, dass eine Regelung gilt bzw. nicht gilt, solange nicht das Gegenteil bewiesen ist.

istiḫāra-Gebet: Gebet, das vor dem Schlafengehen vor wichtigen Entscheidungen im Leben verrichtet wird

istihlāk: ›Zerstörung, Vernichtung‹ von Substanzen, wie etwa, wenn Alkoholhaltiges in Medizin ›aufgelöst‹ wird

iṣṭilāḥ: Terminus technicus, Fachbegriff

iṣṭilāḥī: Bedeutung eines Wortes als Terminus technicus

istiṣlāḥ: ›das Für-nützlich-Halten‹; eine Methode, die dazu verhilft, Rechtslücken mit Rücksicht auf den Schutz des Interesses der Menschen zu füllen oder bestehende anzupassen, da sie zum Schaden führen können oder das Interesse der Menschen nicht mehr schützen

istiṣnāʿ: Werklieferungsvertrag; Die Lieferung einer herzustellenden Ware, die genau bestimmt ist, wird durch eine Zahlung in Auftrag gegeben und die Ware nach Herstellung erworben.

istisqāʾ: Regengebet; Gebet darum, dass es regnet

istiṯnāʾ: Ausnahme; Eine Ausnahme kann etwa eine allgemeine Aussage einschränken.

iʿtikāf: ›das Sich-zurück-Ziehen‹ in eine Moschee für Zwecke des Gebets, oft in den letzten zehn Tagen des Ramadans oder sonst für eine bestimmte Zeit

iʿtirāf: Geständnis im Gerichtsverfahren

iṯm: Sünde

ʿitq: Freilassung eines Sklaven

ittifāq: Übereinkunft

ʿiwaḍ: Gegenleistung, Entgelt

īwān: ein gesonderter Bereich in einer Moschee bzw. einer Medrese für Lehrzirkel, gekennzeichnet durch ein Gewölbe

K

kafāʾa: Ebenbürtigkeit für die Eheschließung

kafāla: Sicherungsvertrag, Bürgschaft

kaffāra: Sühne; Handlungen, die vollzogen werden müssen, wenn man bestimmte Verbote nicht eingehalten hat, wie etwa Sühnehandlungen für die Übertretung von Verboten im Weihezustand während der Pilgerfahrt, z. B. durch Fasten und Almosengabe, siehe Q 2:196 oder durch Schwurbruch, siehe Q 5:89

kafīl, Pl. *kufalāʾ*: Bürge

karāha: das Verpönt-Sein einer Handlung

kātib: ›Schreiber‹; hier: Gerichtsschreiber

kināya: unklare, indirekte Verwendung von Wörtern

kitāb al-qāḍī ilā l-qāḍī: ›Schreiben eines Kadis zu [einem anderen] Kadi‹, hier: Gerichtskorrespondenz

Koran: *Qurʾān*, das Wort Gottes, das in Form von Offenbarung (*waḥy*) dem Propheten Muhammad in ca. 23 Jahren zwischen 609 und 632 zuteil und nach seinem Leben zu einem Buch (*muṣḥaf*) zusammengetragen wurde

kursī: Kanzel in einer Moschee

kuttāb, Pl. *katātīb*: Bildungseinrichtung für Kinder

al-kutub al-arbaʿa: die vier kanonischen Überlieferungswerke der Zwölferschiiten: 1) Abū Ǧaʿfar Muḥammad ibn Yaʿqūb al-Kulaynī (gest. 329/941), *al-Kāfī fī ʿilm ad-dīn*, 2) Ibn Bābawayh al-Qummī (Šayḫ Ṣadūq, gest. 381/991), *Man lā yaḥḍuruhu l-faqīh*, 3) und 4) Abū Ǧaʿfar Muḥammad ibn al-Ḥasan aṭ-Ṭūsī (Šayḫ aṭ-Ṭāʾifa, gest. 460/1067), *Tahḏīb al-aḥkām* und *al-Istibṣār fī mā ḫtulifa fīhi min al-aḫbār*

al-kutub as-sitta: die sechs kanonischen Hadithwerke der Sunniten: 1) Muḥammad ibn Ismāʿīl al-Buḫārī (gest. 256/870), *al-Ǧāmiʿ aṣ-ṣaḥīḥ*, 2) Muslim ibn al-Ḥaǧǧāǧ (gest. 261/875), *al-Ǧāmiʿ aṣ-ṣaḥīḥ*, 3) Abū ʿAbdallāh ibn Māǧa (gest. 273/887), *Sunan*, 4) Abū Dāwūd Sulaymān ibn al-Ašʿaṯ as-Siǧistānī (gest. 275/889), *Sunan*, 5) Abū ʿĪsā Muḥammad ibn Mūsā at-Tirmiḏī (gest. 279/892), *al-Ǧāmiʿ* und 6) Abū ʿAbd ar-Raḥmān Aḥmad ibn Šuʿayb an-Nasāʾī (gest. 303/915), *Sunan*

L

laḥn al-ḫiṭāb: Implikation, Andeutung einer Aussage bzw. eines Berichts, einer Textstelle

laqab: Nomen für Eigennamen, Gattung oder Art

lāzim: ›notwendig, bindend‹; eine notwendige Eigenschaft einer Handlung bzw. eines Vertrags

liʿān: Scheidung durch beidseitigen, viermaligen Schwur der Ehepartner, wobei der Ehemann der Ehefrau Unzucht vorwirft und die Ehefrau die Anschuldigung mit dem Schwur abwehrt sowie beide beim fünften Schwur sich selbst verwünschen

li-ʿaynihi: durch sich selbst, substantiell; z. B. *ḥarām li-ʿaynihi*, durch die Sache selbst verboten, wie etwa der Verzehr von Schweinefleisch

li-ġayrihi: durch etwas Anderes, akzidentiell; Verzinste Kaufverträge z. B. sind verboten durch den Zins, der nicht wesentlich mit Kaufverträgen verbunden ist und eigentlich ausgelassen werden kann.

liwāṭ/liwāṭa: Geschlechtsverkehr zwischen Männern

luġawī: ›sprachlich‹, die sprachliche Bedeutung eines Wortes

luġz, Pl. *alġāz*: Rätsel

luqṭa/luqaṭa: Auffinden eines verlorenen oder herrenlosen Gegenstands

luzūm: Verbindlichkeit, ›Bindung‹, *siehe lāzim*

M

mā ǧarā bihi l-ʿamal: ›das, was praktiziert wird‹; beschreibt die Praxis der Kadi-Rechtsprechung in einer Region, wie etwa in Fès und Cordoba (nordafrikanisch- und andalusisch-malikitische Terminologie)

al-mabtūta: beziehungslose Ehefrau nach einer unwiderruflichen Scheidung; Diese Bezeichnung geht auf den Fall von Faṭima bint Qays (gest. 54/674) zurück und handelt von der Unterhaltsleistung für Frauen, die zum dritten Mal und damit endgültig von ihrem Ehemann geschieden wurden. Laut Q 65:6 ist dies vorgeschrieben, doch habe Fāṭima bint Qays keinen Unterhalt erhalten und durfte während ihrer Wartezeit (*ʿidda*) nach der Scheidung in der Wohnung ihres ehemaligen Ehemannes verbleiben.

maḏhab, Pl. *maḏāhib*: Rechtsschule bzw. theologische Schule; Sammlung der Meinung eines Rechtsgelehrten; *al-maḏhab*: eine herrschende/bekannte Meinung innerhalb einer Rechtsschule

maḏhab aṣ-ṣaḥābī: ›Ansicht des Prophetengefährten‹, *siehe qawl aṣ-ṣaḥābī*
maʿdin: Bodenschätze
madlūl: ›das, worauf hingewiesen wird‹, die Bedeutung, auf die ein Hinweis bzw. Belegstelle (*dalīl*) verweist
madrasa, Pl. *madāris*: Medrese; bekannteste Form von Hochschulen innerhalb der muslimischen Tradition
mafāsid, siehe mafsada
mafhūm: ›das Verstandene‹, implizierte Bedeutungen in Aussagen, Berichten und Texte; Implikation
mafhūm al-muḫālafa: ›das widersprechende Verstandene‹, Umkehrschluss (*argumentum a contrario*); Negierung des Gegenteils der getroffenen Aussage
mafhūm al-muwāfaqa: ›das übereinstimmende Verstandene‹, das Erst-recht-Argument (*argumentum a fortiori*); Eine Aussage gilt erst recht für einen angrenzenden Fall, der bisher nicht geregelt ist.
maḥǧūr:a: der:die eingeschränkt Rechtsfähige
al-maḥkūm ʿalayh: Rechtssubjekt; die Subjekte der Rechtsnormen bzw. die juristisch verantwortlichen Personen (Sg. *mukallaf*)
al-maḥkūm bihi/fīhi: Handlungen, die Gegenstand von Rechtsnormen sind, *siehe ḥuqūq Allāh, ḥuqūq al-ʿibād*
maḥram, Pl. *maḥārim*: Personen, die nicht geehelicht werden dürfen
mafqūd: ›verschollen‹, eine verschollene Person
mafsada, Pl. *mafāsid*: Schaden, Schädliches; Gegensatz zu *maṣlaḥa* bzw. *maṣāliḥ*
maǧāz: die übertragene Bedeutung eines Wortes bzw. einer Aussage
maǧāzī: metaphorisch, *siehe maǧāz*
maǧlis: Vertragsort (Kaufrecht); Lehrzirkel
maǧlis al-qaḍāʾ: Ort des Gerichtsverfahrens
maǧmaʿ fiqhī, Pl. *maǧāmiʿ fiqhīya*: islamrechtliche Akademie; ein Zusammenschluss bzw. Gremium von Gelehrten unterschiedlicher Richtungen sowie Expert:innen aus diversen Wissenschaftsfeldern, die zeitgenössische islamrechtliche/-theologische Fragen besprechen und Handlungsempfehlungen machen, meist in Form von Resolutionen (*qarārāt*) und auch Fatwas (modern)
maǧnūn: eine Person, die nicht zurechnungsfähig ist bzw. der die geistigen Fähigkeiten fehlen, eigenständig Entscheidungen zu tätigen

maḥāḍir: Gerichtsprotokolle

maḥāsin al-ʿādāt: Verschönerung der Sitten

maḥfil: ein abgesonderter Bereich in der Moschee, in dem der Muezzin (*muʾaḏḏin*) zum Gebet ruft und weitere Bittgebete formuliert (kulturspezifischer Begriff)

mahr: Brautgabe bei bzw. nach der Eheschließung; kann sofort (*muʿaǧǧal*) oder im Nachhinein (*muʾaǧǧal*) erfolgen; Wird die Summe im Einvernehmen festgelegt, so wird sie *al-mahr al-musammā* genannt; erfolgt keine Festlegung, wird die Summe nach dem Brauch des jeweiligen Ortes bestimmt (sog. *mahr al-miṯl*).

maḥẓūr: verboten

makrūh: verpönt, eine starke oder schwache Empfehlung zur Unterlassung einer Handlung

maks: Zoll

maktaba, maktab: Bibliotheken, auch mit Lehrangebot

māl, Pl. *amwāl*: (handelsfähiges) Gut, Besitz, Vermögen

Malikiten: *Mālikīya*; eine Rechtsschule, die auf Mālik ibn Anas (gest. 179/795) zurückgeht

mālīya: ›das Ware-Sein‹, die Fähigkeit, dass ein Gegenstand als Ware verkauft werden darf

mamlūk: Sklave, ›Kriegersklave‹

maʾmūr bih: die gebotene Handlung

mandūb: empfohlen

manfaʿa, Pl. *manāfiʿ*: Nutzen

manhī ʿanh: die verbotene Handlung

māniʿ: Hindernis, Hinderungsgrund

manqūl: ›überliefert‹, ein überlieferter Hinweis bzw. eine überlieferte Meinung

manqūl: bewegliche Waren, Mobilien

mansūḫ: abrogiert; eine Aussage, die von einer jüngeren für nichtig erklärt wird, *siehe nasḫ*

manṣūṣ ʿalayh: ›etwas, wozu es einen Referenztext gibt‹; Informationen, die man den autoritativen Quellen Koran und Sunna entnehmen kann

manṭūq bih: ›das Gesagte, die Aussage‹; Informationen, die man den autoritativen Quellen Koran und Sunna entnehmen kann

maqāṣid aš-šarīʿa: ›Ziele der Scharia‹, die die Interessen und Bedürfnisse der Menschen auf unterschiedlichen Ebenen schützen sollen, darunter notwendig zu schützende (*siehe ḍarūrīyāt*), bedürfnisorientierte (*siehe ḥāǧīyāt*) und verschönernde (*taḥsīnīyāt*) Interessen
maqṣūd: das Beabsichtigte (hinter einer Aussage), Intention
maqṭūʿ: ›gebrochen‹; eine Überlieferung, deren Überlieferungskette bis zu einer Person aus der Nachfolgergeneration zurückgeht und nicht bis zum Propheten zurückreicht
marfūʿ: ›gehoben‹; eine Überlieferung, deren Überlieferungskette bis zum Propheten zurückreicht
marǧiʿ, marǧiʿ at-taqlīd: ›Quelle der Nachahmung‹, ein zwölferschiitischer Begriff ab dem 18. Jahrhundert für die höchste Autorität unter den Gelehrten; Maßgeblich dafür ist die islamrechtliche Expertise, die sich im Abfassen eines vollständigen Rechtswerks messen lässt.
maʿrifa: Kenntnis, Erkenntnis
māristān: Krankenhaus, u. a. mit Lehrräumlichkeiten
maʿrūf: das Bekannte, Gute
masāʾil: Rechtsfragen, auch Kompilationen zu spezifischen Rechtsfragen (*masāʾil*-Werke)
masʾala: Rechtsfrage, Fall; auch zur Markierung eines Kapitels bzw. Abschnitts eines Werks
mašaqqa: Mühsal, Schwierigkeit, die mit dem Vollzug einer Handlung einhergeht und möglicherweise eine Ausnahme zulässt
masǧid, Pl. *masāǧid*: Moschee
masḥ: ›Benetzen‹, das Benetzen der Haare (sunnitisch) und der Füße bei der rituellen Waschung (schiitisch); ansonsten das Benetzen der Körperteile bei der rituellen Waschung, wenn sie etwa aufgrund von Verletzungen nicht gewaschen werden können; das Benetzen der Füße, wenn man etwa Ledersocken trägt, die man nach einer rituellen Reinigung angezogen hat und der Zustand der rituellen Reinheit, etwa nach einem Toilettengang, wiederhergestellt werden muss
mašhūr: ›bekannt‹; eine Überlieferung, die ab der Nachfolgergeneration die Stufe des *tawātur* erreicht (hanafitische Terminologie); eine

bekannte Überlieferung; eine bekannte Meinung oder die bekannte Meinung in einer Rechtsschule

maʿṣiya: Sünde

maskūt ʿanh: ›das, worüber geschwiegen wurde‹, eine Rechtslücke; ein Rechtsfall, zu dem es keinen Beleg in den autoritativen Quellen gibt

maṣlaḥa, Pl. *maṣāliḥ*: ›Interesse‹, schützenswertes Interesse der Menschen; teilt sich in drei Arten auf: durch die religiösen Quellen anerkannte (*muʿtabara*), für nichtig erklärte (*mulġā*) und nicht bewertete bzw. offengelassene (*mursala*) Interessen; letztere teilen sich in notwendig zu schützende (*ḍarūrīyāt*), bedürfnisorientierte (*ḥāǧīyāt*) und verschönernde (*taḥsīnīyāt*) Interessen

maʿṣūm: vor Sünden und Fehlern geschützte Personen: Propheten (sunnitisch-schiitisch) und Imame (schiitisch), *siehe ʿiṣma*

mašrūʿ: zulässig, schariakonform

matn: ›Text‹, inhaltlicher Teil eines Hadith; kanonisches Rechtswerk bzw. Standardwerk

matrūk: ›verworfen‹, Hadithe, die nicht akzeptiert sind und verworfen werden

maʿtūh: der:die Unzurechnungsfähige bzw. beschränkt Zurechnungsfähige

Maturiditen: Māturīdīya, eine sunnitische theologische Denkschule, die auf den zentralasiatischen Theologen Abū Manṣūr al-Māturīdī (gest. 333/944) zurückgeht

mawḍūʿ: ›erfunden‹, eine Überlieferung, die erfunden ist, inhaltlich und/oder von der Überlieferungskette her

mawqūf: ›stehenbleibend‹; eine Überlieferung, deren Überlieferungskette nur zu Prophetengefährt:innen zurückführt und nicht auf den Propheten zurückgeht

maysir: Glücksspiel

mayta: Verendetes; rituell nicht korrekt geschlachtetes Tier

maẓālim: korrektive, gerichtliche Instanz, u. a. in kalifaler Leitung/Begleitung

Mecelle, *Mecelle-i aḥkâm-ı ʿadlīye* (arab. *Maǧallat al-aḥkām al-ʿadlīya*): kodifiziertes osmanisches Gesetzbuch islamrechtlichen Ursprungs und prozessrechtlichen und teilweise zivilrechtlichen Inhalts

miḥrāb: Gebetsnische innerhalb der Moschee

milk: Besitz(recht); Eigentumsrecht
milk al-yamīn: Sklav:innen; Diener:innen
milla: Gemeinschaft, Religionsgemeinschaft
minbar: Kanzel in einer Moschee
mīqāt: Grenze zum Eintritt in den Weihezustand
mīrāṯ: Erbe
miṯlī: vertretbar, d. h. Verkaufsgegenstände, die mit dem gleichen Gegenstand ersetzt werden können, also vertretbar sind
muʾaddib: Erzieher an Lehreinrichtungen für Kinder
muʾaḏḏin: Muezzin, Gebetsrufer
muʿallal: mit einem Rechtsgrund begründbar; eine Norm, die auf einem rational nachvollziehbaren und übertragbaren Rechtsgrund basiert
muʿallim: Lehrer, Erzieher
muʿāmalāt: zwischenmenschliche Beziehungen wie etwa Familienrecht, Erbrecht und Wirtschaftsrecht
muʿāraḍa: Kollision von Normen oder Hinweisen aus den Rechtsquellen
muʿāriḍ: Person, die Handschriften an Medresen zusammenträgt
muʿāwaḍa, Pl. *muʿāwaḍāt*: bilaterale (Tausch)Geschäfte
muʿāwaḍa: Tauschgeschäfte im allgemeinen Sinne
muʾawwal: ausgelegt; durch *taʾwīl* gedeutete Aussage bzw. Wort
mubāḥ: ›freigestellt‹
mubayyan: ›erklärt‹, eine erklärte Aussage bzw. ein solches Wort
mubtadī: Studienanfänger
mudabbar: der freigelassene Sklave, der durch die Verfügung seines Herrn nach dessen Tod freigelassen wurde
muḏākara: Disputation, didaktisches Mittel, u. a. Disputation zum Abschluss des Studiums etwa an einer Medrese
muḍāraba: Kommanditgesellschaft/stille Gesellschaft
muḍārib: Geschäftsführer in einer Kommanditgesellschaft
mudarris: Lehrer an einer Medrese im Fach Islamisches Recht
al-muddaʿā ʿalayh: Angeklagte:r
al-muddaʿā bih: Gegenstand der Klage
al-muddaʿī: Kläger
muḍayyaq: ›eng‹, Zeitspanne, die es erlaubt, eine Pflichthandlung nur einmal zu vollziehen, wie etwa das Fasten, das täglich nur einmal vollzogen werden kann

mudraǧ: Hadithe, die in ihrer Überliefererkette oder im Text eine Hinzufügung enthalten

mufassar: ›erläutert‹; eine klare Aussage, die vom Gesetzgeber selbst erläutert wurde, sodass keine Auslegung mehr möglich ist (hanafitische Terminologie); eine erläuterte Aussage

mufāwaḍa: Gesellschaftsvertrag, *siehe šarikat al-mufāwaḍa*

mufīd: Tutor an einer Medrese

al-muftā bih: ›womit eine Fatwa erlassen werden darf‹; eine Meinung, die grundsätzlich im Fatwa-Wesen berücksichtigt werden sollte

muftī: Mufti, Rechtsgelehrter, der ein Rechtsgutachten (Fatwa) erlässt

muǧaddid: ›Erneuerer‹; basiert auf dem Hadith, dass es jedes Jahrhundert einen Erneuerer geben wird, der die Religionen erneuern werde

muǧāwir: ›angrenzend‹; außenstehende Eigenschaft einer Handlung, die nicht zum Wesen gehört

muġayyā: Begrenzung, Begrenztes; das, was eine allgemeine Aussage begrenzt

muǧmal: ›summarisch‹; eine Aussage bzw. ein Wort, das mehrere Bedeutungen mit der gleichen Wahrscheinlichkeit umfasst und impliziert, wodurch die Aussage als unklar eingestuft wird

muǧtahid: Rechtsgelehrter bzw. Gelehrter, der selbstständig Idschtihad ausübt; Es gibt verschiedene Klassen, in die die Gelehrten aufgeteilt werden, darunter: *al-muǧtahid al-muntasib, al-muqayyad, al-muṭlaq (al-mustaqill), fī l-maḏhab* und *fī l-masāʾil.*

muḥaddiṯ, muḥaddiṯūn: Hadithgelehrter bzw. Hadithwissenschaftler

muḫālaʿa, siehe ḫulʿ

muḥāraba: Wegelagerei, Straßenraub

muḥarram: verboten

muḫaṣṣiṣ: Spezifikator; Hinweise, Indizien und Belege, die eine allgemeine Aussage bzw. einen allgemeinen Text spezifizieren

muḫaṭṭiʾa: ›die Für-falsch-Erklärenden‹; eine Gruppe von Gelehrten, die davon ausgeht, dass es nur eine korrekte Meinung für die Lösung eines Rechtsfalles gibt und demnach alle anderen Meinungen falsch und ein Fehler (*ḫaṭaʾ*) seien

muḥkam: ›eindeutig‹, eindeutige Aussagen in Koran und Sunna; laut Hanafiten z. B. so eindeutig klar, dass eine Abrogation ausgeschlossen ist

muḥṣan: verheiratete Person
muḫtalaf fīhi: etwas Umstrittenes
muḫtār: ›vorzüglich‹; eine vorzügliche Meinung unter konkurrierenden Meinungen zu einem Rechtsfall innerhalb einer Rechtsschule
muḫtaṣar: Epitome; Werke, die eine Disziplin oder ein Werk zusammenfassen
muḥtasib: Marktaufseher bzw. derjenige, die die Kompetenz hat, für Recht und Ordnung an öffentlichen Plätzen zu sorgen, also die *ḥisba* hat (*ṣāḥib al-ḥisba*)
muʿīd: Repetitor (in einer Medrese)
mukallaf: rechtsmündig, juristisch verantwortlich
mukātaba: Vertrag zur Befreiung eines Sklaven durch eine Vereinbarung
mukrah: der:die Genötigte/Gezwungene
mukrih: der:die Nötigende/Zwingende
mulāzama: ›Verbundenheit‹; Wenn feststeht, dass eine Handlung gut bzw. böse ist, folgt daraus, dass sie erlaubt/geboten bzw. verboten ist (schiitische Terminologie).
mumayyiz: unterscheidungsfähige:r Minderjährige:r
munādī: Personen, die offizielle Ankündigungen über Gerichtsprozesse machten, Personen und auch Entscheidungen im Gericht ausriefen
munʿaqid: wirksam (Vertragsrecht)
munāsaba: das Vorliegen einer Eigenschaft, die passend für einen Analogieschluss bzw. ein Schlussverfahren ist; Beziehung zwischen wörtlicher und metaphorischer Bedeutung eines Wortes bzw. einer Aussage
munāsib, siehe al-waṣf al-munāsib
munāẓara: Disput, didaktisches Mittel; auch Abschlussprüfung eines Studiums an einer Medrese
munḍabiṭ: ›bestimmt‹; Ein Rechtsgrund soll bestimmt und feststellbar sein, damit er berücksichtigt werden kann.
munfaṣil: ›disjunkt, unabhängig, eigenständig‹; z. B. spezifische Aussagen, die für sich allein stehen und durch die Einwirkung eines Gelehrten mit einer allgemeinen Aussage in Verbindung gebracht werden und sie dadurch spezifizieren und einschränken
munqaṭiʿ: ›unterbrochen‹, ein Hadith mit einer Überliefererkette, die eine oder mehrere Lücken aufweist

muntahī: fortgeschrittener Studierender
muqābil: Sammler von Handschriften an Medresen
muqallid: Rechtsgelehrter, der einer Autorität bzw. den bekannten Meinungen einer Rechtsschule folgt und keine eigenständigen Entscheidungen trifft
muqāṭaʿa, siehe iqṭāʿ
muqāyada: Tauschgeschäft
muqayyad: konkretisiert; eine Aussage bzw. ein Wort, dass durch etwa eine Eigenschaft konkretisiert wurde, z. B. ›ein rotes Auto‹
murābaḥa: Kauf mit transparenter Kaufpreisberechnung aus den Einstandskosten, Weiterverkauf mit Aufschlag
Murdschiiten: Murǧiʾa, eine Denkschule, die u. a. davon ausgeht, dass man nicht darüber entscheiden kann, ob der Mensch vom Glauben abfällt, wenn er eine große Sünde begeht
murrī/mury: in Salz und Wein eingelegter Fisch
mursal: Hadithe, die die Tradent:innen von der Nachfolgergeneration direkt vom Propheten tradieren und ihren Informanten aus der Generation der Prophetengefährt:innen unterdrücken
mūṣā lahu: Testamenterbe
muṣaḥḥiḥ: Lektor
muṣallā: ein Ort, an dem das Pflichtgebet (*ṣalāt*) verrichtet wird
muṣannaf: Überlieferungswerke, die zahlreiche Themen umfassen; Die Überlieferungen sind nicht nur auf die Überlieferungen vom Propheten beschränkt.
musāqāt: Partnerschaft im Bereich der Bewässerungswirtschaft; Bewässerungsvertrag
mušāraka: Mehrpersonenvertrag
mušāwar: Gelehrtenausschuss, der Kadis bei der Rechtsprechung berät (verbreitet unter andalusischen Malikiten)
muṣawwiba: ›die Für-korrekt-Erklärenden‹; eine Gruppe von Gelehrten, die davon ausgeht, dass mehrere Lösungen zu einem Rechtsfall korrekt sind
muṣḥaf: Koranexemplar in Buchform
mūṣī: Testator
muškil: ›zweifelhaft‹, eine Aussage bzw. ein Wort, die bzw. das mehrdeutig ist

muskir: berauschend

musnad: eine Überlieferung, deren Kette ohne Lücken bis zum Urheber zurückführt

musta'man: Nichtmuslime, die eine Aufenthaltserlaubnis im muslimischen Herrschaftsgebiet haben

mustafīḍ: mehrfach tradierte Überlieferung

mustaftī: Ratsuchende:r

mustaḥabb: empfehlenswert

mustaḥāḍa: Frau mit Blutungen im Zustand der *istiḥāḍa*

mustamlī: Diktatsekretär

mutʿa: Zeitehe; auch: nacheheliche Versorgungszahlung, Alimente

mutaʿaddī: übertragbar; Ein Rechtsgrund z. B. muss auf viele Fälle übertragbar sein.

muta'aḫḫirūn: Gelehrten aus späterer Generation; Zeitpunkt kann je nach Rechtsschule variieren

muʿtabar: anerkannt

mutakallim, Pl. *mutakallimūn*: Theologen

mutaqaddimūn: Gelehrte aus früherer Generation

mutaqawwim: verkehrsfähig; Waren, die verkehrsfähig sind bzw. verkauft werden dürfen

mutarǧim: Übersetzer an Medresen

mutašābih: unklar, mehrdeutig

mutawassiṭ: Studierende auf der Mittelstufe

mutawātir: eine Überlieferung, die von Generation zu Generation in solch einer hohen Anzahl tradiert worden ist, dass ausgeschlossen werden kann, dass die Information falsch bzw. erfunden ist

muṭlaq: unbestimmt; eine Aussage bzw. ein Wort, die bzw. das nicht konkretisiert ist, z. B. das Auto

muttafaq ʿalayh: etwas, worüber es eine Übereinkunft gibt; möglich auch in Bezug auf eine Meinung innerhalb einer Rechtsschule (wie etwa bei den Malikiten) oder mit der Bedeutung, dass ein Hadith in al-Buḫārīs und Muslims Werken zugleich vorkommt

Mutaziliten: Muʿtazila, eine Denkschule, die von rational begründeten Prämissen ausgeht und ihre Theologie darauf aufbaut

al-mutūn al-arbaʿa: ›die vier [kanonischen] Texte‹ (hanafitische Terminologie), gemeint sind: 1) al-Mawṣilī (gest. 683/1284), *al-Muḫtār*,

2) Ibn as-Sā'ātī (gest. 694/1295), *Maǧmaʿ al-baḥrayn*, 3) Tāǧ aš-Šarīʿa (gest. 709/1309), *al-Wiqāya* und 4) an-Nasafī (gest. 710/1310), *Kanz ad-Daqā'iq*

al-mutūn aṯ-ṯalāṯa: ‹die drei [kanonischen] Texte)‹ (hanafitische Terminologie), gemeint sind: 1) al-Qudūrī (gest. 428/1037), *Muḫtaṣar*, 2) Tāǧ aš-Šarīʿa (gest. 709/1309), *al-Wiqāya* und 3) an-Nasafī (gest. 710/1310), *Kanz ad-Daqā'iq*

muwassaʿ: ›ausgedehnt‹, Pflichthandlungen, die z. B. mehrmals am Tag verrichtet werden können

muwaṯṯiq: Notar

muzāraʿa: landwirtschaftliche Gesellschaft, Partnerschaft im Bereich der Landwirtschaft

N

nabīḏ, Pl. *anbiḏa*: Dattelwein bzw. alkoholische Getränke aus Früchten (außer Trauben)

nadb: Empfehlung

naḏr: Gelübde

nafaqa: Unterhaltsleistung

nāfiḏ: wirksam, z. B. Vertrag

nāfila: freiwillige religiöse Tat

naǧāsa: Unreinheit; Sie wird unterteilt in physische Unreinheit (*naǧāsa ḥaqīqīya* bzw. *ḥissīya*) und rituelle Unreinheit (*ḥadaṯ*, *naǧāsa maʿnawīya*).

naǧis: rituell unrein

an-naḥr: eine besondere Art des Schächtens von Kamelen durch einen Stich an der Brust, der zum vollständigen Ausbluten führt

an-nahy: das Verbieten

nā'ib, Pl. *nuwwāb*: Stellvertreter, Distriktrichter

nasab: Abstammung, Blutsverwandtschaft

nasḫ: Abrogation; Eine spätere Aussage in Koran oder Sunna abrogiert eine vorherige aus derselben Quelle oder untereinander.

naṣṣ, Pl. *nuṣūṣ*: autoritative Texte aus Koran und Sunna

nāsiḫ: das Abrogierende; eine spätere Aussage in den religiösen Quellen, die eine frühere abrogiert *nāsiḫ*: Kopist

nawādir ar-riwāya: Überlieferungen von hanafitischen Autoritäten, bei denen nicht mit Sicherheit zu ermitteln ist, ob sie von ihnen stammen

nawāzil, Sg. *nāzila*: sich tatsächlich ereignende Fälle, die mit einer Fatwa bewertet bzw. gerichtlich beschlossen werden

naẓāʾir, siehe al-ašbāh wa-n-naẓāʾir

naẓar: rationale Reflexion bzw. Betrachtung

nifās: Wochenbett

nikāḥ: Ehe

niqāb: Gesichtsschleier

niṣāb: Mindestmenge vom Vermögen etwa für die Besteuerung des Vermögens mit der Almosensteuer oder dafür, dass der Tatbestand des Diebstahls zustande kommt

nīya: Absicht, Intention, eine Handlung zu vollziehen

nukūl: Verweigerung des Angeklagten im Gerichtsprozess, einen Eid zur Verteidigung leisten; Eidesverweigerung

Q

qabḍ: Erhalt, Inbesitznahme des Tauschgegenstands bzw. der Ware und des Geldes

qabīḥ: das Böse

qabūl: Annahme eines Angebots

qaʿd, siehe quʿūd

qaḍāʾ: richterliches Urteil; Nachholung einer verpflichtenden Handlung, die nicht zur vorgesehenen Zeit verrichtet worden ist

qāḍī, Pl. *quḍāt*: Kadi, Richter

qāḍī l-ʿaskar: Militärrichter

qāḍī l-ǧamāʿa: ›Richter der Gemeinschaft‹; Oberrichter in Andalusien

qāḍī l-ǧund: Militärrichter (geläufig in Nordafrika und Andalusien)

qāḍī al-quḍāt: ›Richter der Richter‹; Oberrichter

qaḏf: Verleumdung

qāḏif: Verleumder

qāʿida, Pl. *qawāʿid*: Rechtsprinzip, -regel

qānūn, Pl. *qawānīn*: Rechtsprinzip, Gesetz

qānūnnāme: Gesetzessammlung bzw. Sammlung der Dekrete osmanischer Herrscher

qarʾ, siehe qurūʾ

qarāba: Blutsverwandtschaft

qarārāt, Sg. *qarār*: Resolutionen u.a. von Gelehrtenausschüssen und islamrechtlichen Akademien (modern)

qarḍ, Pl. *qurūḍ*: zinsloses Darlehen

qarīna, Pl. *qarāʾin*: Indizien, Indikatoren, die textuell oder kontextuell sein können

qasāma: Nachweis eines Tötungsdelikts durch Schwur einer Gemeinschaft von Personen

qāṣir: beschränkt, z.B. ein auf einen bestimmten Fall beschränkter Rechtsgrund (*ʿilla qāṣira*)

qaṣr: Reduktion; in *uṣūl al-fiqh*: Einschränkung einer allgemeinen Aussage durch den Sprecher/Gesetzgeber selbst z.B. mittels einer Bedingung oder Ausnahme; in *furūʿ*: Kürzung des Pflichtgebets, etwa auf einer Reise von 4 auf 2 Gebetseinheiten

qassām: Gerichtsbeamter für die Errechnung der Verteilung des Erbes

qaṭʿ: Definität; etwas das definitiv, also mit Gewissheit feststeht

qaṭʿī: definitiv

qaṭʿī d-dalāla: definitiver Hinweischarakter; eine Aussage weist definitiv auf die Bedeutung hin, die man ihr entnehmen kann

qaṭʿī ṯ-ṯubūt: definitive Feststellbarkeit; Es wird definitiv festgestellt, dass eine Aussage bzw. ein Bericht vom Propheten bzw. vom Urheber stammt.

qatl: Tötung, Mord

qawāʿid, siehe qāʿida

qawl: allgemein: Aussage; eine Meinung eines Gelehrten

al-qawl bi-l-ašbah: ›die Meinung, die am ähnlichsten ist‹, eine Gruppe von Gelehrten, die davon ausgeht, dass bei Rechtsfällen mehrere Lösungen korrekt sind, aber nur eine der wirklichen Lösung nahekommt

al-qawl al-ǧadīd: ›die neue Meinung‹, die Meinungen von aš-Šāfiʿī, die er später in seinem Leben in Ägypten vertrat (schafiitische Terminologie) *al-qawl al-musāwī li-muqābilih*: zwei gleichwertige konkurrierende Meinungen zu einem Rechtsfall (malikitische Terminologie)

al-qawl al-qadīm: ›die alte Meinung‹, die Meinungen von aš-Šāfiʿī, die er vor seinem Umzug nach Ägypten im Irak vertrat (schafiitische Terminologie)

qawl aṣ-ṣaḥābī: ›die Meinung des Prophetengefährten‹, die überlieferte Meinung eines Prophetengefährten

qibla: Gebetsrichtung

qimār: Glücksspiel

qirāʾāt, Sg. *qirāʾa*: Lesarten des Korans, wie etwa die abweichende Vokalisation von *wa-arǧulakum* (›und eure Füße‹) in Q 5:6; Die Lesart im Akkusativ *wa-arǧulakum* besagt, dass die Füße während der rituellen Waschung (*wuḍūʾ*) gewaschen werden müssen, wogegen die Lesart im Genitiv *wa-arǧulikum* besagt, man müsse sie nur anfeuchten bzw. benetzen (das Benetzen ist *masḥ*).

qirāḍ, siehe qarḍ

qiṣāṣ: Talion, Wiedervergeltung

qiṣāṣ fī n-nafs: Talion in Bezug auf das Leben, d. h. Vergeltung einer Tötung

qiṣāṣ mā dūna n-nafs: Talion in Bezug auf den Köper, d. h. Vergeltung einer Körperverletzung

qaṭʿ aṭ-ṭarīq: Straßenraub, Wegelagerei

qiyām: Stehen im Pflichtgebet

qiyamī: nicht vertretbare Waren, die an ihrem Wert gemessen werden; Im Falle des Schadensersatzes kann nur ihr Wert ersetzt werden und nicht der Gegenstand selbst.

qiyās: Analogieschluss und ähnliche Schlussformen; unterteilt in verschiedene Typen wie Ähnlichkeitsanalogie (*qiyās aš-šabah*) oder *qiyās al-ʿilla, aṭ-ṭard, al-ʿaks, al-maʿnā, al-munāsaba, al-ǧalī* und *al-ḫafī*

qubḥ: das Böse

quḍāt, siehe qāḍī

qurba: ›Annäherung zu Gott‹ durch gottesdienstliche Handlungen

qurūʾ, Sg. *qarʾ*: Periode, die die Wartezeit (*ʿidda*) definiert; Es ist umstritten, ob damit die Menstruationsphase (*ḥayḍ*) oder die Phase ›der Reinheit‹ (*ṭuhr*) zwischen zwei Menstruationen gemeint ist.

quʿūd, Sg. *qaʿd*: Sitzen im Pflichtgebet

R

raḍāʿ: Stillen

ar-rafʿ: ›das Heben‹; Eine Überlieferung, die nur bis zu einem Prophetengefährten zurückgeht, kann mit Rücksicht auf Indizien und Hinweise auf den Propheten zurückgeführt und die Kette so bis zu ihm ›gehoben‹ werden.

raġība: wünschenswerte Handlung (malikitische Terminologie)

ar-rāǧiḥ: ›das Vorzügliche‹, eine Meinung innerhalb einer Rechtsschule, die anderen konkurrierenden vorgezogen wird

raǧm: Steinigung als Strafe für verheiratete Personen, die Unzucht begehen

rahn: Pfand

raʾīs al-ʿulamāʾ: ›der Vorsitzende der Gelehrten‹, bosnischer Großmufti

rakʿa, Pl. *rakʿāt*: Gebetseinheit des Pflichtgebets, die aus Stehen, Koranrezitation, Beugung, Aufrichten und zweifacher Niederwerfung besteht; Bei jeder zweiten *rakʿa* sitzt der:die Betende, und je nach Länge des Gebets steht er:sie für die dritte und vierte Einheit oder beendet nach der zweiten das Gebet durch das Schauen auf die rechte und linke Schulter, das mit den Worten ›Friede und Gottes Barmherzigkeit auf euch‹ (*as-salāmu ʿalaykum wa-raḥmat-ullāh*) eingeleitet wird.

Ramadan: Fastenmonat, 9. Monat im Mondkalender

ramal: Umrundung der Kaaba während des *ṭawāf* im schnelleren Schritttempo

raqaba: Sklave (›Hals‹)

raqīq: Sklave

raʾs al-māl: Kapital

raʾy: (eigene) Meinung

rāwī, Pl. *ruwāt*: Tradent

ribā: Überschuss im Tauschgeschäft, der keine Gegenleistung hat; Es gibt zwei Arten: 1) Überschuss in der Menge, sog. *ribā at-tafāḍul/al-faḍl*, 2) Überschuss in der Zeit, d. h. Stundungsverbot, sog. *ribā an-nasīʾa*.

ribḥ: Gewinn

riḍā: Zustimmung

riḍāʿ: Stillen
riǧāl (*siehe rāwī*): ›Männer‹, Tradenten
riǧs: Unreinheit
risāla, Pl. *rasāʾil*: Abhandlung, Sendschreiben
riwāya: Überlieferung im allgemeinen Sinne
riwāyāt: überlieferte Meinungen Mālik ibn Anas' (gest. 179/795) (malikitische Terminologie); u. a. auch hanbalitische Terminologie für die Meinungen von Aḥmad ibn Ḥanbal (gest. 241/855)
ruḫṣa, Pl. *ruḫaṣ*: juristische Lizenzen, Erleichterungen als Ausnahmen zum Regelfall, z. B. Kürzung des Gebets auf Reisen
rukn: ›Bestandteil‹ einer Handlung
rukūʿ: Beugung im Stehen beim Pflichtgebet

S/Ṣ/Š

sabab: Anlass, wodurch eine Norm z. B. verpflichtend wird, wie etwa, dass die Sonne untergeht, weswegen das Abendgebet verrichtet werden muss
sabab an-nuzūl: Offenbarungsanlass; eine Überlieferung, die zeigt, in welchem Kontext ein Vers herabgesandt wurde, wobei die Berichte zu einem Vers sich widersprechen können
sabab wurūd al-ḥadīṯ: Anlass zur Entstehung eines Hadith; eine Überlieferung, die zeigt, in welchem Kontext der Prophet etwas gesagt oder getan hat, wobei die Berichte dazu selten sind und sich widersprechen können
šabah: ›Ähnlichkeit‹; Aufgrund einer Ähnlichkeit werden durch den *qiyās* zwei ähnliche Fälle gleich bewertet bzw. wird die Regelung des bereits bewerteten Falls auf den neuen Fall übertragen.
as-sabr wa-t-taqsīm: ›Sondierung und Aufteilung‹; Ausschlussprinzip, wonach ermittelt werden soll, welcher der möglichen Rechtsgründe auf den Rechtsfall zutrifft
ṣadāq: Brautgabe
ṣadaqa: freiwillige Almosen
ṣadaqat al-fiṭr: Pflichtalmosen im Monat Ramadan, die jede:r Muslim:a für sich bzw. für die Familie entrichten muss

šāḏḏ, Pl. *šawāḏḏ*: ›abwegig‹, abwegige Meinungen zu Rechtsfällen innerhalb der Rechtsschulen; auch abwegige Überlieferungen und Koranlesarten

sadd aḏ-ḏarīʿa: ›Versperrung der Rechtsmittel‹ (malikitische Terminologie); Verboten sind alle Mittel, die zu etwas Verbotenem führen.

ṣadūq: ›ehrlich‹; eine Stufe, um die Vertrauenswürdigkeit von Tradent:innen einzuordnen

safah: Verschwenderischer Umgang mit dem Vermögen

safīh: die Person, die ihr Vermögen verschwendet

saǧǧāda: Gebetsteppich

saǧda: Niederwerfung im Pflichtgebet

aṣ-ṣaġīr: Minderjährige:r

ṣaḥāba, Sg. *ṣaḥābī*: Prophetengefährt:innen

šahāda: Zeugenaussage; Glaubensbekenntnis

ṣāḥib al-māl: ›Kapital-/Eigentumsbesitzer‹, Kapitalgeber

ṣāḥib as-sūq: ›Befehlshaber des Marktes‹, Marktaufseher

ṣāḥib aš-šurṭa, siehe šurṭa: Polizei

šāhid: Zeuge

šahīd, Pl. *šuhadāʾ*: Märtyrer

ṣaḥīḥ: ›gültig‹, wenn eine Handlung den Vorgaben entsprechend vollzogen wurde; Einordnung einer korrekten Meinung innerhalb einer Rechtsschule; ein Hadith, der eine gesunde, d. h. unproblematische Überliefererkette hat

saḥūr: Frühmahl vor der Morgendämmerung

Salafīya: Eine Denktradition, die sich an den Aussagen der Altvorderen orientiert und stark überlieferungszentriert argumentiert; nicht zu verwechseln mit den Salafiten bzw. Salafisten in der Moderne

ṣakk, Pl. *ṣikāk*: Urkunde

salam: Terminkaufvertrag; Es erfolgt eine Zahlung für noch zu liefernde Waren zu einem bestimmten Zeitpunkt.

ṣalāt: Pflichtgebet, das fünf Mal am Tag morgens (*ṣalāt al-faǧr/aṣ-ṣubḥ*), mittags (*ṣalāt aẓ-ẓuhr*), nachmittags (*ṣalāt al-ʿaṣr*), abends (*ṣalāt al-maġrib*) und nachts (*ṣalāt al-ʿišāʾ*) verrichtet wird

ṣalāt al-ǧanāza: Totengebet

ṣalāt al-ǧumʿa: Freitagsgebet, zur Mittagszeit festgelegtes Gemeinschaftsgebet mit einer obligatorischen Predigt

ṣalāt al-ḫawf: Furchtgebet; das gemeinschaftliche Gebet im Falle von Notlagen, während dessen die Gemeinschaft hinter einem Vorbeter abwechselnd das Gebet verrichtet
ṣalāt al-ḫusūf: Gebet zur Mondfinsternis
ṣalāt al-ʿīd: Festtagsgebet nach dem Monat Ramadan und am Opferfest
ṣalāt al-istisqāʾ: Gebet für den Regenfall
ṣalāt al-kusūf: Gebet zur Sonnenfinsternis
ṣalāt at-tasbīḥ: Gebet zur Lobpreisung Gottes
samʿ: ›das Hören‹, gemeint ist die Überlieferung
samāʿ: das direkte Hören von Hadithen bzw. Überlieferungen von einem Hadithgelehrten
samʿī: überlieferungsbasiert
sanad: Überliefererkette
šarʿ: Gesetz bzw. Rechtssystem
šarʿ/šarāʾiʿ man qablanā: ›Recht der Vorherigen‹, also der früheren Religionen
šarāʾiʿ: Normen
ṣarf: Geldtausch
šarḥ, Pl. *šurūḥ*: ›Kommentar‹ zu autoritativen bzw. kanonischen Texten innerhalb einer Disziplin, Rechtsschule etc.
šarʿī: offenbarungsbasiert, schariatisch, schariakonform
šāriʿ: Gesetzgeber
ṣarīḥ: direkte, klare Verwendung eines Wortes
šarikat al-ʿinān: beschränkte Gesellschaft bzw. Partnerschaft
šarikat al-mufāwaḍa: unbeschränkte Gesellschaft bzw. Partnerschaften
sariqa: Diebstahl
šarṭ, Pl. *šurūṭ*: Bedingung
ṣawm: Fasten
šawṭ, siehe ṭawāf
saʿy: Hin- und Herlaufen zwischen aṣ-Ṣafā und al-Marwa während der Pilgerfahrt
ṣayd: Jagd
šayḫ, Pl. *šuyūḫ*: ›Meister‹, Ehrentitel eines Lehrers
šayḫ al-ḥadīṯ: ›Meister des Hadith‹
šayḫ al-islām: Großmufti
šayḫ al-qirāʾa: ›Meister der Koranlesart‹

šayḫ at-tafsīr: ›Meister der Koranexegese‹
šayḫ aṭ-ṭibb: ›Meister der Medizin‹
Schafiiten: Šāfiʿīya, eine Rechtsschule, die auf Muḥammad ibn Idrīs aš-Šāfiʿī (gest. 204/820) zurückgeht
šibh al-ʿamd: vorsatzähnliche Tötung oder Körperverletzung
Siebenerschiiten: Sabʿīya, *siehe* Ismailiten
ṣifa: Eigenschaft
siǧill, Pl. *siǧillāt*: Dokumente/Zeugnisse gerichtlicher Entscheidungen
siḥāq: Geschlechtsverkehr zwischen zwei Frauen
ṣiḥḥa: Gültigkeit einer Handlung; Authentizität eines Hadith
simsār: Makler
širāʾ: Kauf
širb: Wasserrechtsvertrag; Rechte, die man von jemandem erwerben kann, um vom Wasser, das er besitzt, Gebrauch machen zu können
as-siyāsa aš-šarʿīya: Verwaltungs- und strafrechtliche Dekrete von Herrschern, die der Scharia nicht widersprechen dürfen und nicht in den Bereich des etablierten islamischen Rechts fallen
šubha: Zweifel
šufʿa: Vorkaufsrecht
ṣukūk, Sg. *ṣakk*: Gerichtsdokument
ṣulḥ: Vergleich; ein Vertrag, der einen Streitfall versöhnt oder einen bereits begonnenen Gerichtsprozess durch Versöhnung beendet
sulṭān: Sultan
sunna, Pl. *sunan*: die Tradition des Propheten; weniger bekannt: Tradition der Muslim:innen; in der Philosophie: Gesetz bzw. Konvention (Alternative zu *nāmūs*, von griechisch *nómos*); Die Sunna teilt sich auf in Aussagen (*qawl, sunna qawlīya*), Handlungen (*fiʿl, sunna fiʿlīya*) und Billigung (*iqrār, taqrīr, sunna taqrīrīya*).
as-sunna ġayr al-muʾakkada: ›nicht bestätigte Sunna‹, Handlungen, die der Prophet nur manchmal oder gar selten vollzogen hat (hanafitisch)
as-sunna al-muʾakkada: ›bestätigte Sunna‹, Handlungen, die der Prophet oft vollzogen haben soll (hanafitisch)
sunnat az-zawāʾid: ›zusätzliche Sunna‹, Nachahmung der rein menschlichen Handlungen und Vorzüge des Propheten (hanafitisch)
sūq, Pl. *aswāq*: Markt
šūrā: Beratung, Beratungsgremium

šurb al-ḫamr: Alkoholkonsum, Weinkonsum
šurṭa: Polizei
šurūḥ, siehe šarḥ
šurūṭ: Gerichtsakten
šurūṭī: Notar

T/Ṭ/Ṯ

taʿabbudī: gehorsamspflichtig; Normen, die keinen Rechtsgrund besitzen
taʿammud: Vorsatz
taʿāmul: ›Umgang‹, gängige Praxis unter Muslim:innen, die sogar bis auf die Lebzeiten des Propheten zurückgeführt werden könne (hanafitische Terminologie)
tabannī: Adoption
ṭabaqāt: ›Klassen‹; Klassen von Gelehrten bzw. Werke, die Biographien von Gelehrten beinhalten
tābiʿī, Pl. *tābiʿūn*: Nachfolgergeneration, also diejenigen, die Prophetengefährt:innen, aber nicht den Propheten getroffen haben
tadāḫul: Konkurrenzverhältnis zwischen Rechtssystemen
tadbīr: die Freilassung eines Sklaven, die sein Herr für die Zeit nach seinem eigenen Tod anordnet
taḏkiya: die rituell korrekte Schlachtung von Tieren
tadrīǧ: etwas, das stufenweise erfolgt
tadrīs: Vermittlung von Wissen auf dem Niveau fortgeschrittener Studien
tadwīn: Kodifikation von Überlieferungen, die mündlich im Umlauf waren
tafrīq: gerichtliche Scheidung der Ehe
tafsīr: Koranexegese, Korankommentar
taǧdīd: Erneuerung, Innovation
taǧwīd: Regeln der schönen Rezitation des Korans
tahaǧǧud: Gebet zur Mitternacht bzw. im letzten Drittel der Nacht
taḥammul al-ʿilm: ›Übernahme des Wissens‹; Übertragung von Überlieferungen zwischen Tradenten
ṭahāra: rituelle Reinheit
taḫayyur: ›Auswahl‹; Wahl unter konkurrierenden Normen, die von unterschiedlichen Rechtsschulen stammen

ṭāhir: (rituell) rein

ta'ḫīr: Verspätung, Verzögerung; die späte Erklärung einer unklaren bzw. erklärungsbedürftigen Aussage

taḥkīm: Schlichtung

taḥīyat al-masǧid: Gebet zur Begrüßung der Moschee, entweder beim erstmaligen Eintritt in eine für den:die Eintretenden neue Moschee oder bei jedem Betreten einer Moschee

ṭahūr: rituell reinigend; Das Wasser kann rein, aber unter Umständen so sein, dass es nicht rituell reinigend ist, wie etwa das ›benutzte Wasser‹ (*al-mā' al-mustaʿmal*): Wenn jemand die rituelle Reinigung von einem Eimer Wasser vollzieht und von seinen Gliedmaßen das Wasser in den Eimer fällt, ist der Rest des Wassers für andere Personen zwar rein in dem Sinne, dass damit physische Unreinheit entfernt werden kann, aber nicht mehr rituell reinigend (*ṭahūr*); die rituelle Reinigung mit diesem Wasser ist dann ausgeschlossen.

taḥqīq al-manāṭ: ›Analyse der Eigenschaft/des Rechtsgrunds‹, d. h. die Erforschung dessen, ob der Rechtsgrund, der in den Quellen erwähnt bzw. durch Herleitung ermittelt worden ist, in weiteren ähnlichen Fällen auch zu finden ist

taḫrīǧ: ›Deduktion, Herleitung‹; eine Meinung, die die Gelehrten nach dem Vorbild der Methoden und Prinzipien des Rechtsschulgründers herleiten

taḫrīǧ al-manāṭ: Herleitung des Rechtsgrunds aus den religiösen Quellen

taḥrīm: Verbotserklärung

taḥsīn: ›Als-schön-Bestimmen‹; Eine Handlung wird als gut bzw. schön bestimmt und festgelegt.

taḥsīnīyāt: verschönernde Interessen, die für die Herleitung von Normen berücksichtigt werden können; Sie sind die letzte Stufe der *maṣāliḥ mursala, siehe maṣlaḥa* und *maqāṣid*

taḫṣīṣ al-ʿāmm: Spezifikation des Allgemeinen; Reduktion des Umfangs allgemeiner Aussagen auf einen geringeren Umfang, wie etwa die Reduktion der Aufforderung zur Zahlung von Almosen auf bestimmte Waren und unter der Voraussetzung einer Summe an Mindestbesitz und einer Mindestdauer des Besitzes von einem vollen Jahr

taḫyīr: ›der Vorzug‹ von einer Meinung unter konkurrierenden Meinungen

takbīr: der Ausruf der Formel ›Gott ist Groß‹ (*Allāhu akbar*) z. B. zu Beginn des Pflichtgebets.

at-takrār/at-tikrār: Wiederholung, wiederholte Befolgung einer normativen Aussage, die durch sich selbst auf die stetige Befolgung verweisen könne

taklīf: juristische Verantwortung, den Pflichten nachzugehen und Verbote einzuhalten

taklīf mā lā yuṭāq: ›Auferlegung des Unerfüllbaren‹; Dahinter steht die theologische Frage danach, ob Gott dem Menschen etwas auferlegen würde, das zu erfüllen der Mensch nicht in der Lage ist.

ṭalab: Aufforderung

ṭalāq: Scheidung, Verstoßung der Ehefrau durch den Mann mittels eines Scheidungsspruchs

ṭalāq bāʾin: unwiderrufliche Scheidung, *siehe baynūna*

ṭalāq al-bidʿa: Ausspruch der Scheidung zur Menstruationszeit der Ehefrau

ṭalāq rağʿī: widerrufliche Scheidung, *siehe baynūna*

ṭalāq as-sunna: Ausspruch der Scheidung zu einer Zeit, die nicht in die Menstruationsperiode der Ehefrau fällt

ṭalāq at-tafwīḍ: Scheidungsausspruch vonseiten der Frau; Das Recht darauf wird bei der Eheschließung explizit geregelt.

talbiya: Bittgebet, das während der Pilgerfahr geäußert wird

talfīq: Kombination von Meinungen aus unterschiedlichen Rechtsmeinungen, um eine neue Meinung zu begründen

ṭālib, Pl. *ṭullāb, ṭalaba*: Studierende

taʿlīlī: ›mit einem Rechtsgrund bestimmbar‹; Normen, die auf einem Rechtsgrund basieren

taʿlīm: Lehre von Angesicht zu Angesicht, auch *taʿallum*

taʿlīq: Glosse

ṯaman, Pl. *aṯmān*: Preis

tamlīk: Bereicherung, etwa durch einen Kaufvertrag

tamyīz: Unterscheidungsfähigkeit zwischen Gut und Böse sowie Nützlich und Schädlich

tanqīḥ al-manāṭ: Analyse angedeuteter Rechtsgründe, die die religiösen Quellen hergeben und die Ermittlung des passenden Rechtsgrunds durch Ausschlussprinzip

taqābuḍ: Besitzergreifung wie etwa bei einem Kaufvertrag, sodass man das erworbene Gut ab diesem Zeitpunkt im Besitz hat

taqbīḥ: ›Als-böse-Bestimmen‹; eine Handlung wird als schlecht bzw. böse bestimmt und eingeordnet

taqlīd: die Nachahmung der Meinung einer Autorität bzw. einer Rechtsschule

taqrīr: Billigung, *siehe iqrār* und *sunna*

taqyīd al-muṭlaq: ›Konkretisierung des Unbestimmten‹; Eine konkretisierte Aussage konkretisiert eine unbestimmte zum gleichen oder zu einem ähnlichen Fall, wie etwa beim umstrittenen Fall, ob die Konkretisierung, als Sühne für die fahrlässige Tötung eines Muslims einen gläubigen Sklaven zu befreien (Q 4:92) die Sühne für die *ẓihār*-Scheidung, einen Sklaven zu befreien (Q 58:3), konkretisieren und auf die Freilassung eines gläubigen Sklaven reduzieren darf.

tarāḫī: Verzögerung, sprich die zeitverschobene Befolgung einer normativen Aussage

tarāwīḥ: freiwilliges Nachtgebet im Ramadan, das kollektiv sowie individuell verrichtet werden kann

tarǧīḥ: ›Bevorzugung‹; Wahrscheinlichkeitsabwägung zwischen konkurrierenden Meinungen innerhalb einer oder unter verschiedenen Rechtsschulen sowie zwischen kollidierenden Hinweisen zur Herleitung von Normen

tarika: Nachlass

ṭarīq, Pl. *ṭuruq*: Überlieferungsweg von Hadithen und weiteren Überlieferungen; tradierte Meinung von Mālik ibn Anas (malikitische Terminologie)

tašābuh: Ähnlichkeit, *siehe mutašābih*

taṣarrufāt šarʿīya: ›rechtliche Handlungen‹, d.h. Handlungen, die durch das Recht bestimmt werden und nicht ohne weiteres durch rationale Erwägung bestimmt werden können, wie etwa die Bedingungen für die Gültigkeit des Gebets oder von Kaufverträgen (hanafitische Terminologie)

tašbīh: rhetorischer Vergleich

taslīm: Übergabe der Ware bzw. des Verkaufs-/Tauschgegenstands
taṣnīf: Klassifikation; die Anordnung von Überlieferungen nach Themen (*ʿalā l-abwāb*) oder Tradenten (*ʿalā r-riǧāl*)
tašrīʿ: Gesetzgebung
taṭawwuʿ, Pl. *taṭawwuʿāt*: freiwillige religiöse Tat
tatimma, Pl. *tatimmāt*: ›vervollständigende Elemente‹; Zwischenstufen zwischen den Hauptkategorien der *maṣlaḥa mursala*, d. h. zwischen notwendig zu schützenden (*ḍarūrīyāt*), bedürfnisorientierten (*ḥāǧīyāt*) und verschönernden Interessen (*taḥsīnīyāt*)
taṭlīq, siehe ṭalāq
ṯawāb: jenseitiger Lohn
ṭawāf: siebenfache Umrundung der Kaaba; einfache Umrundung: *šawṭ*
tawaqquf: ›das Abwarten‹ eines Hinweises; die Haltung, die keine Entscheidung unter den konkurrierenden Meinungen trifft und das Ergebnis offenlässt, solange keine weiteren Hinweise vorliegen
tawātur: die Überlieferung einer Information in einer solch großen Menge, dass das Vorliegen einer falschen bzw. erfundenen Information ausgeschlossen werden kann; Es gibt zwei Arten: sinngemäßer (*maʿnawī*) und wörtlicher (*lafẓī*) *tawātur*.
tawlīǧ: Übertragung von Vermögen zu Lebzeiten des Erblassers
tayammum: rituelle Reinigung mit trockener Erde oder trockenem Sand, um die Reinigung mit Wasser (*wuḍūʾ*) zu ersetzen, wenn es kein bzw. kein reines Wasser gibt
ṭayyib: rein, gut
taʿzīr: Ermessensstrafe; Strafen, die nicht in den religiösen Quellen vorgegeben sind, sondern vom Herrscher etc. erlassen werden
taʿziya: Trauerbesuch
tekke: Orden
tīmār: osmanisches (Lehens)System, bei dem die staatlichen Nutzungsrechte des Landes zur Bewirtschaftung übertragen werden
ṯiqa: vertrauenswürdig; gibt die höchste Stufe der Vertrauenswürdigkeit von Tradenten wieder
töre: Recht unter Moghulherrschern
ṯubūt: Feststellbarkeit; Der Begriff gibt wieder, wie sicher Nachrichten (darunter fallen Hadithe und Koran) auf den Propheten zurückgeführt werden können; Faktenfeststellung im Gerichtsverfahren.

tuhma: Verdacht
ṭuhr: Reinheit; die Phase zwischen zwei Menstruationsperioden
ṭumaʾnīna: ›Vertrauen‹, ein erkenntnistheoretischer Begriff, der sich zwischen Gewissheit (*yaqīn, qaṭʿ*) und Präsumtion (*ẓann*) befindet
ṭuruq, siehe ṭarīq
ṭuruq al-istinbāṭ: Normderivationsmethoden; Methoden zur Herleitung von Normen

U/ʿU

uǧra: Lohn
ʿulamāʾ, siehe ʿālim
ulū l-amr: Befehlshaber
Umma: die Gemeinschaft der Muslim:innen; die Gemeinschaft in Medina inklusive jüdischen und nichtmuslimisch-arabischen Stämmen um 622 herum, als der Prophet und die Muslim:innen von Mekka nach Medina auswanderten
ummahāt al-arbaʿa: die vier kanonischen Werke bzw. Grundtexte der Malikiten: 1) Saḥnūn (gest. 240/854), *al-Mudawwana*, 2) Ibn Ḥabīb (gest. 238/853), *al-Wāḍiḥa*, 3) al-ʿUtbī (gest. 255/869), *al-ʿUtbīya* und 4) Ibn al-Mawwāz (gest. 269/883), *al-Mawwāzīya*
ʿumra: die kleine Pilgerfahrt außerhalb der Pilgersaison
ʿumūm: das Allgemein-Sein einer Aussage bzw. eines Wortes
ʿumūm al-balwā: ›die allgemeine Notwendigkeit‹; die Notwendigkeit, dass eine Information allgemein bekannt sein muss; etwas, dessen Unterlassung zu großer Mühsal führt
ʿuqūbāt: Strafen bzw. Strafrecht; wird aufgeteilt in beschränkte (*qāṣira*) und vollkommene (*kāmila*) Strafen
ʿurf: Gewohnheit bzw. Gewohnheitsrecht; auch: Gewohnheit bezüglich der Verwendung von Wörtern bzw. Aussagen (Bedeutungsverengung); wird unterteilt in allgemeine und spezifische Gewohnheit (*ʿurf ʿāmm* und *ḫāṣṣ*)
ʿurfī: ›konventionelle‹ Bedeutung eines Wortes
ʿušr: Almosensteuer auf Ackerbau- bzw. Ernte-Erzeugnisse: 5 % bei künstlicher Bewässerung, ansonsten 10 %

al-uṣūl al-ʿamalīya: praktische bzw. prozedurale Prinzipien, die aufgrund des vorliegenden Zweifels berücksichtigt werden, da nicht klar ist, wie die religiöse Verpflichtung eingeordnet werden soll; Man kann etwa durch *al-barāʾa al-aṣlīya* (das grundsätzliche Frei-Sein von Verpflichtung) zumindest sagen, dass keine Verpflichtung vorliegt etwas zu tun, aber nicht herleiten, dass eine Handlung erlaubt (*mubāḥ*) ist (zwölferschiitische Terminologie).
uṣūl al-fiqh: Grundlagen des Rechts, Rechtstheorie und -methodik
uṣūlīyūn: Gelehrte, die sich mit den *uṣūl al-fiqh* befassen; Gelehrte, die die rationale Herangehensweise befürworten, Rationalisten (zwölferschiitische Terminologie)
ʿutrīya: rituelle Schlachtung von Opfertieren im Monat Rağab
ʿuyūb, siehe ʿayb

W

waḍʿī: ›[eine Kondition] setzend‹, konditionale Ansprache, wie etwa Bedingung, Hindernis und Bestandteil; Normen, die eine Kondition für eine Norm setzen, die die Gläubigen damit beauftragt, etwas zu tun, *siehe al-aḥkām at-taklīfīya*
wadīʿa: Depot, Hinterlegung
wağh, Pl. *awğuh*: mittels Idschtihad hergeleitete Meinung (malikitische, schafiitische Terminologie)
wāğib: Pflicht
al-wāğib al-ʿaynī: individuelle Pflicht
al-wāğib ġayr al-muḥaddad: quantitativ uneingeschränkte Pflichten
al-wāğib al-kifāʾī: kollektive Pflicht
al-wāğib al-muʿayyan: konkrete Pflicht
al-wāğib al-muḥaddad: quantitativ festgelegte Pflichten
al-wāğib al-muḫayyar: Wahlpflichthandlung
al-wāğib al-muqayyad: zeitlich relative, eingeschränkte Pflicht
al-wāğib al-muṭlaq: zeitlich absolute, uneingeschränkte Pflicht
waḥy: Offenbarung
waḥy ġayr al-matluww: Offenbarung, die nicht im Gebet rezitiert wird; Theorie darüber, dass die Sunna des Propheten auch eine Art Offenbarung sei

wāʿiẓ: Prediger
wakīl, Pl. *wukalāʾ*: Stellvertreter
walāʾ: Klientelverhältnis, etwa durch Befreiung eines Sklaven, womit quasi-verwandtschaftliche Beziehungen begründet werden können
walāya, wilāya: Vermögenssorge
wālī: Gouverneur
walīy: Vormund
waqf, Pl. *awqāf*: Stiftung
wāqiʿāt: ›Ereignisse‹; real existierende Fälle, die Gegenstand von Fatwas sind
waraʿ: ›Behutsamkeit‹, ein Begriff aus eher ethischen bzw. sufischen Schriften, der darstellt, dass man sich auf unterschiedlichen Ebenen von Verbotenem zurückhält
warrāq: Buchverkäufer an Medresen
waṣf: Eigenschaft; Im Vertragsrecht und in den *uṣūl al-fiqh* wird unterschieden zwischen *waṣf lāzim* (wesentlich zugehörige Eigenschaften) und *waṣf muǧāwir* (außenstehende/begleitende Eigenschaften).
al-waṣf al-munāsib: ›passende Eigenschaft‹, eine Eigenschaft, die dazu geeignet ist, als Rechtsgrund zu fungieren
waṣīya: Testament, dessen Bestimmung ein Drittel des Erbes nicht übersteigen darf
wazīr, Pl. *wuzarāʾ*: Wesir, Helfer und Repräsentant des Kalifen bzw. des Herrschers
wilāya, siehe walāya
wilāya: Amtsbezirk
wilāyat al-faqīh: Kompetenzbereich des Rechtsgelehrten; Vertretung des entrückten Imams; Neudeutung: Der gelehrteste unter den Gelehrten vertritt den entrückten Imam (zwölferschiitische Terminologie).
wuḍūʾ: ›rituelle Waschung‹, rituelle Reinigung mit Wasser, indem die Hände bis zu den Ellenbogen, das Gesicht und die Füße gewaschen (sunnitisch) und ein Teil der Haare benetzt werden
wuḍūḥ: ›Klarheit‹, allgemeiner Begriff, um die Klarheit einer Aussage bzw. einer Textstelle wiederzugeben
wuǧūb: die Verpflichtung

Y

yamīn, Pl. *aymān*: Schwur, Eid
yaqīn: Gewissheit
yāsā/yasa: Recht der Moghulherrscher
yasaqnāme: Sammlung der Dekrete osmanischer Sultane
yatīm: Waise

Z/Ẓ

ẓāhir: ›evident‹; die offensichtliche Bedeutung einer Aussage; eine korrekte Meinung innerhalb einer Rechtsschule
Zahiriten: Ẓāhirīya, eine Rechtsschule, die den *qiyās* verwirft und sich stark am äußeren Wortlaut (dem *ẓāhir*) der religiösen Quellen orientiert sowie den *taqlīd* negiert, geht auf Dāwūd aẓ-Ẓāhirī (gest. 270/884) zurück
ẓāhir ar-riwāya: ›die offensichtliche Überlieferung‹, Grundtexte der hanafitischen Rechtsschule, die auf Abū Ḥanīfa (gest. 150/767) und seine Schüler zurückgehen; dazu gehören die folgenden Werke Muḥammad ibn al-Ḥasan aš-Šaybānīs (gest. 189/805): *al-Aṣl, az-Ziyādāt, al-Ǧāmiʿ al-kabīr, al-Ǧāmiʿ aṣ-ṣaġīr, as-Siyar al-kabīr* und *as-Siyar aṣ-ṣaġīr*
zakāt: Almosensteuer, die einmal im Jahr fällig wird, sofern man eine bestimmte Summe an Vermögen ein volles Jahr besitzt und keine Schulden hat
ẓann: Vermutung, Präsumtion, Spekulation
ẓannī: präsumtiv, spekulativ
ẓannī d-dalāla: ›präsumtiver Hinweischarakter‹; Eine Aussage oder ein Bericht verweist vermutlich auf die Bedeutung, die ihr entnommen werden kann.
ẓannī ṯ-ṯubūt: ›präsumtive Feststellbarkeit‹; Es wird festgestellt, dass eine Aussage bzw. ein Bericht vermutlich vom Propheten bzw. vom Urheber stammt.
Zayditen: Zaydīya, Fünferschiiten; eine schiitische Tradition, die 5 Imame anerkennt und ihren Namen von Zayd ibn ʿAlī herleitet

ẓihār: eine Scheidungsform, in der der Ehemann sagt, dass seine Ehefrau dem Rücken seiner Mutter ähnele, weshalb er auf den Geschlechtsverkehr verzichtet

zinā: Unzucht, illegitimer Geschlechtsverkehr

Zwölferschiiten, *siehe* Dschafariten

ẓuhūr: das Klar-Sein einer Aussage bzw. eines Wortes oder Berichts

ẓulm: Unrecht

Kurzbiographien

A/ʿA

ʿAbdallāh Ibn ʿAbbās (gest. 68/687–688) ist der Cousin des Propheten und gehört zu den größten Autoritäten im Bereich Koranexegese und islamisches Recht. Von ihm werden zudem viele Hadithe tradiert.

ʿAbdallāh ibn ʿAbd al-Muḥsin at-Turkī (geb. 1940) ist ein saudiarabischer Theologe, der seinen thematischen Schwerpunkt im islamischen Recht hat. Er schrieb u. a. über die Gründe der Meinungsverschiedenheit der Gelehrten. Darüber hinaus hat er viele handschriftliche Werke ediert.

ʿAbdallāh ibn Ibāḍ al-Murrī at-Tamīmī (gest. etwa 2./8. Jahrhundert) gilt als Gründer der Ibaditen. Obschon die ibaditische Tradition auf seinen Namen zurückgeht, spielt für sie Ǧābir ibn Zayd (gest. 93/711–712) eine entscheidendere Rolle. Als Hadith- und Rechtsgelehrter gilt er als Schlüsselfigur und Autorität für die Entstehung der Ibaditen.

ʿAbdallāh ibn Maḥmūd al-Mawṣilī, Abū l-Faḍl Maǧd ad-Dīn (gest. 683/1284) ist ein hanafitischer Gelehrter aus Mosul, der sich in Bagdad niederließ und dort lehrte. Er fasste die hanafitische Rechtslehre in seinem Werk *al-Muḫtār* zusammen und kommentierte dieses Werk unter dem Titel *al-Iḫtiyār*. Sein Text gehört zur hanafitischen Standardliteratur.

ʿAbdallāh Ibn Masʿūd (gest. 32/652–653) ist einer der berühmtesten Prophetengefährten, die früh zum Islam konvertiert sind. Er gilt als *die* Autorität im Bereich der Koranexegese sowie des islamischen Rechts im Irak (Kufa). In beiden Bereichen prägte er die rationalistische

Tradition. Auf seine Ansichten berufen sich zum Beispiel Hanafiten. Es wird berichtet, er habe eine private Koransammlung gehabt.

ʿAbdallāh ibn Muḥammad ibn al-Qāsim ibn Hilāl (gest. 272/885) ist ein zahiritischer Gelehrter, der die zahiritische Lehre in Andalusien verbreiten konnte.

ʿAbdallāh Ibn ʿUmar (gest. 73/693) ist ein Prophetengefährte und Sohn ʿUmar ibn al-Ḫaṭṭābs (gest. 23/644). Er gehört zu den Prophetengefährten, die die meisten Hadithe tradiert haben und viele Fatwas erteilten.

ʿAbdallāh Ibn Wahb, *siehe* Ibn Wahb

ʿAbdallāh ibn az-Zubayr (gest. 73/692) ist ein Prophetengefährte, der ein Gegenkalifat gegen die Umayyadendynastie ausrief. Er gehört zu den vier bekannten Personen mit dem Namen ʿAbdallāh (sog. *ʿAbādila*), die durch ihre Expertise in der Hadithtradierung und Rechtsmeinungen große Autorität genießen.

Abdullahi an-Naʿim (geb. 1946) ist ein sudanesischer Gelehrter und Rechtswissenschaftler, der auch als solcher in den USA aktiv ist. Er hat mehrere Schriften zum islamischen Recht verfasst.

ʿAbd al-ʿAzīz al-Buḫārī (gest. 730/1330) ist ein hanafitischer Gelehrter aus Buchara, der durch seinen Kommentar (*Kašf al-asrār fī Šarḥ Uṣūl al-Bazdawī*) zum *uṣūl al-fiqh*-Werk (*Uṣūl al-Bazdawī* oder *Kanz al-wuṣūl ilā maʿrifat al-Uṣūl*) von Abū l-ʿUsr al-Bazdawī (gest. 482/1089) bekannt ist.

ʿAbd al-ʿAzīz aṯ-Ṯamīnī (gest. 1233/1808) ist ein bekannter ibaditischer Rechtsgelehrter und gehört zu den einflussreichen Gelehrten der Ibaditen in Algerien. Sein Einfluss weitete sich über Nordafrika hinaus auf ibaditische Kreise in östlichen Gebieten aus.

ʿAbd al-Bāqī [ibn Yūsuf] az-Zurqānī, Abū Muḥammad (gest. 1099/1688) ist ein ägyptisch-malikitischer Gelehrter und gehörte einer gebildeten Familie an. Sein Kommentar zum *al-Muḫtaṣar* von Ḫalīl ibn Isḥāq al-Ǧundī (gest. 776/1374) gehört zu den wichtigsten Kommentaren.

ʿAbd al-Ǧabbār, al-Qāḍī (gest. 415/1025) ist vielleicht der wichtigste Vertreter der basrischen Mutaziliten und schafiitischer Rechtsgelehrter. Viele mutazilitische Meinungen und Standpunkte können über seine Werke rekonstruiert werden. Seine rechtsmethodischen und -theoretischen Werke haben insbesondere die schafiitische Tradition nachhaltig beeinflusst.

ʿAbd al-Munʿim an-Nimr (gest. 1991) ist ein einflussreicher ägyptischer Azhar-Gelehrter, der sich u. a. mit der Frage nach der Verbindlichkeit der Sunna befasste.

ʿAbd al-Qādir Gīlānī (gest. 561/1165–66) ist ein berühmter Sufi-Meister, der den Sufi-Orden der Qādirīya gegründet hat. Er wechselte von der schafiitischen zur hanbalitischen Rechtsschule, soll aber nach beiden Rechtsschulen Fatwas erteilt haben.

ʿAbd al-Qādir al-Qurašī (gest. 775/1373) ist ein hanafitischer Gelehrter und Autor der ältesten hanafitischen Biographie-Sammlung. Er soll nicht nur in den Rechtswissenschaften, sondern auch als bekannter Hadithwissenschaftler Anerkennung genossen haben.

ʿAbd ar-Raḥmān ibn ʿAwf (gest. 32/652) gehört zu den frühesten Personen, die den Islam angenommen haben. Er ist einer der ältesten Prophetengefährt:innen gewesen.

ʿAbd ar-Raḥmān Ibn Raǧab, *siehe* Ibn Raǧab

ʿAbd ar-Raḥmān ibn Muḥammad al-Ǧazīrī (gest. 1941) ist ein ägyptischer Jurist. Er war hanafitisch geprägt, ist aber durch seinen rechtsschulvergleichenden Ansatz bekannt. Das bekannte rechtsschulvergleichende *fiqh*-Werk *al-Fiqh ʿalā maḏāhib al-arbaʿa* stammt (zum größten Teil) aus seiner Feder und entstand aus dem Wunsch, ein Lehrbuch zu schreiben.

ʿAbd ar-Razzāq [ibn Hammām] aṣ-Ṣanʿānī, Abū Bakr (gest. 211/826–827) ist ein bekannter jemenitischer Hadithwissenschaftler und gehört zu den wichtigsten Schülern von Maʿmar ibn Rāšid (gest. 153/770). Auf seinen Reisen hat er von vielen Autoritäten Hadithe gehört und gesammelt. Sein Werk *al-Muṣannaf* ist nach den Themen des Rechts geordnet und zählt zu den wichtigsten frühen Quellen.

Abdülhamid II. (gest. 1918) war von 1876 bis 1909 osmanischer Herrscher (Sultan), der viele Reformen anbahnte. 1909 wurde er nach Auseinandersetzungen abgesetzt.

ʿAbd al-Wahhāb [ibn ʿAlī ibn Naṣr], al-Qāḍī Abū Muḥammad (gest. 422/1031) ist einer der einflussreichsten Malikiten, die der Bagdader malikitischen Tradition angehörten. Er war im Irak und in Ägypten als Richter tätig, weshalb er auch als al-Qāḍī (der Richter) ʿAbd al-Wahhāb bzw. al-Qāḍī Abū Muḥammad bekannt ist. Viele Malikiten sowohl im Irak als auch in Nordafrika und Andalusien rezipierten seine Werke, die nicht nur malikitische Meinungen beinhalten, sondern teilweise rechtsvergleichend sind.

ʿAbd al-Wahhāb ʿAbd as-Salām Ṭawīla (gest. 2020) ist ein islamischer Theologe und Rechtsgelehrter, der in mehreren arabischsprachigen Ländern wirkte. Er schrieb neben rechtspraktischen Werken auch ein Werk zur Meinungsverschiedenheit von Gelehrten.

ʿAbd al-Wāḥid ibn Ismāʿīl ar-Rūyānī (gest. 502/1108) ist ein einflussreicher schafiitischer Gelehrter aus Tabaristan an der Südküste des Kaspischen Meeres. Er ließ sich in Āmūl nieder und unterrichtete an der dortigen Medrese. Nach kürzeren Aufenthalten in Iṣfahān und Rayy kehrte er nach Āmūl zurück.

ʿAbduh, *siehe* Muḥammad ʿAbduh

Abou El Fadl, *siehe* Khaled Abou El Fadl

Abū l-ʿAbbās Aḥmad Ibn Muʿaḏḏal (gest. 240/854) ist ein irakisch-malikitischer Rechtsgelehrter, der zur Etablierung der Malikiten im Irak beitrug.

Abū l-ʿAbbās al-Mahdawī (gest. 440/1048–49) ist ein andalusisch-malikitischer Koranexeget und Kenner der Koranlesarten.

Abū l-ʿAbbās aš-Šammāḫī (gest. 928/1522) ist ein nordafrikanisch-ibaditischer Gelehrter. Bekannt ist er durch sein Werk *Kitāb* *as-Siyar,* das biographische Informationen über ibaditische Gelehrte beinhaltet.

Abū ʿAbdallāh Ibn Ḥāmid, *siehe* Ibn Ḥāmid

Abū ʿAbdallāh Ibn Māǧa (gest. 273/887) ist ein Hadithwissenschaftler, dessen Hadithkompilation zu einem der kanonischen Hadithwerke unter den Sunniten geworden ist.

Abū ʿAbdallāh Muḥammad al-ʿĀmilī, *siehe* aš-Šahīd al-Awwal

Abū ʿAbdallāh Muḥammad ibn ʿAlī aš-Šawkānī, *siehe* aš-Šawkānī

Abū ʿAbdallāh al-Maqqarī (gest. 758/1357) ist ein malikitischer Gelehrter aus einer reichen Kaufmannsfamilie, die zunächst in Maqqar in Algerien, dann in Tlemcen ansässig war. Er war einige Zeit lang Oberkadi (*qāḍī l-ǧamāʿa*) in Fes und hat darüber hinaus noch an Hochschulen unterrichtet. Berühmt ist insbesondere sein Werk zu den Rechtsprinzipien.

Abū ʿAbdallāh Muḥammad al-Ḫušanī (gest. 361/971), bekannt auch als **Ibn Ḥāriṯ**, ist ein malikitischer Rechtsgelehrter und Biograph. Er zog von Ägypten nach Andalusien (Córdoba). Er verfasste mehrere biographische Werke, die jeweils einen anderen Schwerpunkt haben. Er zählt zu den ersten Rechtsgelehrten, die sich auf allgemeine Rechtsprinzipien konzentriert haben und diese in einem Werk zusammentrugen.

Abū ʿAbdallāh Muḥammad ibn ʿAbd ar-Raḥmān [al-Ḫaṭīb] al-ʿUṯmānī (gest. nach 780/1378) ist ein schafiitischer Rechtsgelehrter, der heute durch sein rechtsvergleichendes Werk *Raḥmat al-umma fī ḫtilāf al-aʾimma* bekannt ist. Er war sowohl als Prediger (*ḫaṭīb*) als auch als Richter tätig.

Abū ʿAbdallāh Muḥammad ibn Aḥmad al-Qurṭubī (gest. 671/1273) ist ein andalusisch-malikitischer Gelehrter, der insbesondere durch sein juristisch ausgerichtetes koranexegetisches Werk bekannt ist. Er zog aus politischen Gründen von Córdoba nach Ägypten und verfasste auch im Bereich des Sufismus einige Werke.

Abū ʿAbdallāh Muḥammad al-Māzarī (gest. 536/1141) ist ein malikitischer Rechtsgelehrter, der seine Wurzeln in Sizilien hat. Al-Māzarī hat lange Zeit Recht gelehrt und trug zur Systematisierung der malikitischen Literatur entscheidend bei. Er gehört zu den wichtigsten Autoritäten. Bekannt war er zudem als ascharitischer Theologe und Arzt.

Abū ʿAbd ar-Raḥmān Aḥmad ibn Šuʿayb an-Nasāʾī (gest. 303/915) ist ein berühmter Hadithwissenschaftler, dessen Hadithwerk *Sunan* eines der sechs kanonischen Bücher der Sunniten ist.

Abū l-ʿAlāʾ Mawdūdī (gest. 1979) ist ein pakistanischer Gelehrter, der den Vorsitz des Gelehrtenkreises Ǧamāʿat-i Islāmī innehatte. Er gehört zu den bekanntesten Figuren der salafitisch-fundamentalistischen Bewegungen in der Moderne.

Abū ʿAlī al-Ǧubbāʾī (gest. 303/916) ist der möglicherweise einflussreichste mutazilitische Gelehrte, der die Tradition der basrischen Mutaziliten prägte. Er befasste sich neben dem *kalām* auch mit der Koranexegese und dem islamischen Recht. Zu seinen Schülern gehört der bekannte sunnitische Gelehrte Abū l-Ḥasan al-Ašʿarī (gest. 324/935–936).

Abū ʿAlī Ḥusayn aš-Šūšāwī (gest. 899/1493–94) ist ein maghrebinisch-malikitischer Gelehrter vom berberischen Stamm der Raǧrāǧa. Er war als Lehrer in Medresen tätig und befasste sich nicht nur mit dem islamischen Recht, sondern auch mit der Koranexegese und mit Medizin.

Abū ʿAlī [al-Ḥusayn ibn Muḥammad] al-Marwarrūḏī (gest. 462/1069) ist ein schafiitischer Gelehrter, der im Rahmen seiner Rechtsschule selbstständig Idschtihad betrieben hat. Sein rechtsvergleichender Ansatz sticht besonders hervor.

Abū ʿAlī aṭ-Ṭabarsī (gest. 548/1153) ist ein zwölferschiitischer Gelehrter, der neben den Rechtswissenschaften auch einen zentralen Beitrag für die Koranexegese zwölferschiitischer Prägung leistete. Den Großteil seiner Wirkungszeit verbrachte er in Sabzevar (früher: Bayhaq) im heutigen Iran.

Abū l-ʿArab (Muḥammad ibn Aḥmad at-Tamīmī, gest. 333/945) ist ein nordafrikanisch-malikitischer Gelehrter; seine Geburtsstadt ist Qayrawān. Neben seiner Beschäftigung mit den Rechtswissenschaften ist er insbesondere als Historiker bekannt, der eine malikitische Biographie-Sammlung zusammentrug.

Abū l-Aswad ad-Duʾalī (gest. 69/688) ist Grammatiker, Philologe sowie einer der ersten, die das Konsonantenbild des Korans mit diakritischen Punkten zur Kennzeichnung der Vokale versehen haben. Er gehört zur Generation der Nachfolger (*tābiʿūn*) und spielte auch eine wichtige Rolle bei politischen Auseinandersetzungen auf Seiten ʿAlī ibn Abī Ṭālibs (gest. 40/661).

Abū Bakr (gest. 13/634) ist der engste Gefährte des Propheten Muhammad und zugleich der erste Kalif (reg. 632–634) in der muslimischen Geschichte.

Abū Bakr ʿAbd al-ʿAzīz ibn Ǧaʿfar (gest. 363/974), bekannt auch als **Ġulām al-Ḫallāl**, ist der Schüler des berühmten hanbalitischen Gelehrten Abū Bakr al-Ḫallāl (gest. 311/923), weshalb er den oben genannten Beinamen trägt. Er gehört zu den wichtigen hanbalitischen Autoritäten, die diese Rechtsschule geprägt haben.

Abū Bakr Aḥmad ibn al-Ḥusayn al-Bayhaqī (gest. 458/1066) ist ein schafiitischer Rechtsgelehrter und Hadithwissenschaftler aus der Nähe von Nīšābūr. Er ist insbesondere durch seine hadithwissenschaftlichen Bestrebungen bekannt, war aber auch eine Autorität im Bereich der Rechtswissenschaften.

Abū Bakr al-Aṣamm (gest. 200/816) ist ein mutazilitischer Gelehrter, der sich mit systematischer Theologie, Koranexegese und islamischem Recht befasst hat. Er hatte viele Anhänger in Basra und zählte zu den einflussreichsten Gelehrten dort.

Abū Bakr Ayyūb as-Saḫtiyānī (gest. 131/748) ist ein irakisch-baṣrischer Rechtsgelehrter und Hadithtradent aus der Nachfolgergeneration, ein *tābiʿī*. Er tradierte Hadithe von Autoritäten wie ʿAbdallāh ibn ʿUmar (gest. 73/693), al-Ḥasan al-Baṣrī (gest. 110/728), ʿAṭāʾ ibn

Abī Rabāḥ (gest. 114/732) und Nāfiʿ (gest. 117/735). Ebenso berühmte Gelehrte haben von ihm Hadithe gehört.

Abū Bakr al-Ḥaddād (gest. 800/1398) ist ein jemenitischer Rechtsgelehrter, der der hanafitischen Rechtsschule zugehörte.

Abū Bakr al-Ḫallāl (gest. 311/923) ist ein einflussreicher hanbalitischer Gelehrter, der zur Systematisierung, Etablierung und Verbreitung der hanbalitischen Rechtsschulen entschieden beitrug. Er sammelte die tradierten Meinungen von Aḥmad ibn Ḥanbal (gest. 241/855).

Abū Bakr ibn ʿAbd ar-Raḥmān (gest. 94/713) ist einer der ›Sieben medinensischen Rechtsgelehrten‹ aus der Generation der Nachfolger (*tābiʿūn*), wobei seine Zugehörigkeit zu diesen sieben nicht unumstritten ist.

Abū Bakr Ibn al-ʿArabī (gest. 543/1148) ist ein einflussreicher andalusisch-malikitischer Rechtsgelehrter, von dem u. a. ein spezielles koranexegetisches Werk zu den juristisch relevanten Koranpassagen vorliegt.

Abū Bakr ibn Ḥazm (gest. 120/738) ist ein medinensischer Richter aus der Nachfolgergeneration (*tābiʿūn*), der zum systematischen Zusammentragen der Hadithe beitrug.

Abū Bakr Ibn al-Munḏir, *siehe* Ibn al-Munḏir

Abū Bakr Muḥammad Ibn Dāwūd aẓ-Ẓāhirī (gest. 297/910) ist der Sohn des Gründers der Ẓāhiriten, Abū Dāwūd aẓ-Ẓāhirī, und einer seiner bekanntesten Schüler. Er trug zur Etablierung der Ẓāhiriten maßgeblich bei.

Abū Bakr Muḥammad ibn Ṭayyib al-Bāqillānī (gest. 403/1013) ist ein malikitischer Gelehrter, der insbesondere durch seine ascharitische Systematik rechtsschulübergreifend die *uṣūl*-Literatur beeinflusst hat. Er trug auch dazu bei, die theologischen Ansichten der Ascharīten zu systematisieren.

Abū Bakr ar-Rāzī al-Ǧaṣṣāṣ (gest. 370/981) ist ein hanafitisch-mutazilitischer Gelehrter. Sein rechtsmethodisches Werk gehört zu den frühesten uns (fast vollständig) erhaltenen Werken. Darüber hinaus kommentierte er die Zusammenfassung der hanafitischen Rechtslehre von Abū Ǧaʿfar aṭ-Ṭaḥāwī (gest. 321/933).

Abū Bakr aṣ-Ṣayrafī (gest. 330/941) ist ein schafiitischer Rechtsgelehrter, der durch seine Arbeiten im Bereich der Rechtsmethodik die schafiitische Rechtsschule beeinflusst hat. Er gehört zu den schafiitischen Gelehrten, die mithilfe der von den Schafiiten anerkannten Methoden selbstständig Normen herleiten konnten.

Abū l-Barakāt an-Nasafī (gest. 710/1310) gehört zu den einflussreichsten hanafitischen Gelehrten, die ab dem 8./14. Jahrhundert wirkten. Er stammt aus der Nähe von Buchara im heutigen Usbekistan. Sein rechtspraktisches Werk *Kanz ad-daqāʾiq* gehört zur prägenden hanafitischen Standardliteratur. Auch sein *uṣūl*-Werk *Manār al-anwār* erfreute sich großer Beliebtheit.

Abū d-Dardāʾ (gest. 32/652) ist ein Prophetengefährte, der in Damaskus als Richter tätig war. Daneben soll er als Koranlehrer tätig gewesen sein.

Abū Ḏarr al-Ġifārī (gest. 32/653) ist ein berühmter Prophetengefährte. Auf ihn berufen sich Schiiten als Unterstützer ʿAlīs (gest. 40/661). Er genießt auch ein hohes Ansehen unter Sunniten. Bekannt ist sein Widerspruch gegen den dritten Kalifen ʿUṯmān ibn ʿAffān (gest. 35/656), dem er vorwarf, seine eigenen Verwandten bevorzugt zu behandeln. Eine besondere Rolle spielt er für die Hadithüberlieferung.

Abū Dāwūd Sulaymān ibn al-Ašʿaṯ as-Siǧistānī (gest. 275/889) ist ein Hadithwissenschaftler, dessen Hadithkompilation *Sunan* eines der sechs kanonischen Werke der Sunniten ist. In seinem Werk gibt er an, welche Hadithe er als schwach einschätzt. Er widmete ein Werk speziell den *mursal*-Hadithen.

Abū l-Faraǧ Ibn al-Ǧawzī (gest. 597/1201) ist ein vielseitiger hanbalitischer Gelehrter aus Bagdad. Zu seinen bekannten Schülern gehört u. a. Muwaffaq ad-Dīn Ibn Qudāma (gest. 620/1223). Er verfasste

Werke zur Geschichte, zur Hadithwissenschaft, zu Koranwissenschaften und Koranexegese, zu Rechtswissenschaften und zur systematischen Theologie.

Abū l-Faraǧ Ibn Qudāma (gest. 682/1283) ist ein hanbalitischer Rechtsgelehrter, der zur einflussreichen Familie der Qudāma in Damaskus gehörte. Er studierte hanbalitisches Recht u. a. bei seinem Onkel, dem einflussreichen Rechtsgelehrten Muwaffaq ad-Dīn Ibn Qudāma (gest. 620/1223). Er war eine Autorität innerhalb der Hanbaliten und auch als Hadithwissenschaftler berühmt. Er unterrichtete an verschiedenen Medresen.

Abū l-Faraǧ aš-Šīrāzī (gest. 486/1094) ist ein hanbalitischer Gelehrter aus Damaskus, gebürtig in Harran, der zur Entwicklung der hanbalitischen Rechtsschule in Damaskus und Bagdad entschieden beitrug. Er studierte u. a. mit Abū Yaʿlā al-Farrāʾ (gest. 458/1066) und war zugleich ein angesehener Prediger.

Abū l-Fatḥ ʿAlāʾ ad-Dīn Muḥammad al-Usmandī (gest. 552/1157) ist ein hanafitischer Gelehrter aus Samarqand, der insbesondere durch seine Fertigkeiten im Bereich des Disputs (*munāẓara* und *ǧadal*) bekannt war. Er schrieb u. a. ein Werk zum *Iḫtilāf al-fuqahāʾ*.

Abū Ǧaʿfar Aḥmad ibn Muḥammad an-Naḥḥās (gest. 338/950) ist ein ägyptischer Koranexeget und Gelehrter, der insbesondere durch sein Werk zu den abrogierenden und abrogierten Versen bekannt ist.

Abū Ǧaʿfar Muḥammad ibn ʿAlī, Muḥammad al-Bāqir (gest. 114/733 oder 117/735) ist der fünfte schiitische Imām, Vater von Ǧaʿfar aṣ-Ṣādiq (gest. 148/765) und ein bekannter medinensischer Rechtsgelehrter.

Abū Ǧaʿfar Muḥammad ibn al-Ḥasan aṭ-Ṭūsī (Šayḫ aṭ-Ṭāʾifa, gest. 460/1067) ist ein vielseitiger imamitisch-schiitischer Gelehrter sowie ein berühmter Schüler von aš-Šayḫ al-Mufīd (gest. 413/1022) und aš-Šarīf al-Murtaḍā (gest. 436/1044). Seine beiden Hadithwerke gehören zu den vier kanonischen schiitischen Werken. Er hat Werke zu diversen Disziplinen verfasst. Besonderen Einfluss hatte er auf die rationalistische (sog. *uṣūlī*) Tradition der Imamiten, zu deren Gründern er zählt. Aṭ-Ṭūsīs Rechtswerk behandelt die verschiedenen Themen jeweils im Vergleich zu den Sunniten.

Abū Ǧaʿfar Muḥammad ibn Yaʿqūb al-Kulaynī (gest. 329/941) ist ein imamitisch-schiitischer (dschafaritischer) Gelehrter, dessen Hadithwerk zu den vier kanonischen Werken der Schiiten gehört. Er ist für seine kritische Haltung gegenüber rationalistischen Methoden bekannt.

Abū Ǧaʿfar as-Simnānī (gest. 444/1052), bekannt als al-Qāḍī Abū Ǧaʿfar, ist ein hanafitischer Gelehrter aus Bagdad, der zuletzt in Mosul als Richter (Kadi) wirkte. Er gehörte der theologischen Tradition der Aschar
iten an.

Abū Ǧaʿfar aṭ-Ṭaḥāwī (gest. 321/933) ist ein ägyptisch-hanafitischer Gelehrter, der nicht nur für sein Rechtswerk berühmt ist, sondern auch als Hadithwissenschaftler und für seine Hadithkommentare. Er ist der Neffe des berühmten Schülers aš-Šāfiʿīs (gest. 204/820), Abū Ibrāhīm Ismāʿīl ibn Yaḥyā al-Muzanī (gest. 264/878). Aṭ-Ṭaḥāwī war erst schafiitisch, wechselte aber seine Rechtsschule und wurde Hanafit.

Abū Ġānim Bišr ibn Ġānim (gest. Anfang des 3./9. Jahrhunderts) war ein prominenter ibaditischer Gelehrter aus Transoxanien. Bekannt ist er durch sein Werk *al-Mudawwana*. Er trug auch dazu bei, die ibaditische Lehre in Nordafrika zu verbreiten.

Abū l-Ḥaǧǧāǧ Yūsuf al-Mizzī (gest. 743/1342) ist ein schafiitischer Hadithwissenschaftler aus Aleppo, der im Kindesalter mit seiner Familie in die Nähe von Damaskus nach Mizza zog. Er ist insbesondere durch seine Arbeiten in der Tradentenkritik und Biographien bekannt.

Abū Ḫālid ʿAmr ibn Ḫālid al-Wāsiṭī (gest. nach 145/762) war Schüler Zayd ibn ʿAlīs (gest. 122/740), dem Gründer der Zayditen. Auf ihn und seinen Schüler geht die Sammlung des wohl ältesten Rechtswerks *al-Maǧmūʿ* von Zayd zurück. In der sunnitischen Literatur zur Kritik der Überlieferer wird Abū Ḫālid stark kritisiert.

Abū Ḥāmid [Muḥammad ibn Muḥammad] al-Ġazālī (gest. 505/1111) ist ein schafiitischer Gelehrter, der mit seinem *uṣūl*-Werk *al-Mustaṣfā min ʿilm uṣūl al-fiqh* über die Schafiiten hinaus viele Gelehrte aus anderen Rechtsschulen beeinflusst hat. Er ist sehr breit aufgestellt und verfasste Werke zur Logik, Philosophie, Theologie, Rechtspraxis und dem Sufismus. Er gehört zu den bekanntesten sunnitischen Gelehrten.

Abū Ḥanīfa an-Nuʿmān ibn Ṯābit (gest. 150/767) ist der Gründer der hanafitischen Rechtsschule. Er lebte im Irak und war selbst als Händler tätig. Bekannt ist er für seinen rationalistischen Zugang im Bereich des islamischen Rechts. Neben dem Recht beschäftigte er sich auch mit theologischen Themen. Sein theologisches Traktat *al-Fiqh al-akbar* liegt uns heute vor.

Abū l-Ḥasan al-ʿĀmirī (gest. 381/992) ist ein muslimischer Philosoph aus Nīsābūr, der durch seine Tätigkeiten in Transoxanien bekannt war. Neben vielen Werken aus seiner Feder zu Themen der Philosophie beschäftigte er sich auch mit der Taxonomie der Wissenschaften.

Abū l-Ḥasan al-Ašʿarī (gest. 324/935) ist ein als ihr Gründer geltender Gelehrter der ascharitischen Denktradition. Lange Zeit war er selbst Mutazilit und Schüler des bekannten mutazilitischen Gelehrten Abū ʿAlī al-Ǧubbāʾī (gest. 303/916). Al-Ašʿarī wandte sich von der Mutazila öffentlich ab und stieß eine eigene Denktradition an.

Abū Ḥātim ar-Rāzī (gest. 277/890) ist ein Hadithwissenschaftler, der für seine Hadith- und Tradentenkritik bekannt ist. Seine große Kenntnis in der Tradentenkritik verlieh ihm den Titel ›Befehlshaber der Gläubigen im Hadith‹ (*amīr al-muʾminīn fī l-ḥadīṯ*).

Abū l-Ḫaṭṭāb al-Kalwaḏānī (gest. 510/1116) ist ein berühmter hanbalitischer Rechtsgelehrter aus Bagdad, zugleich Schüler von Abū Yaʿlā al-Farrāʾ (gest. 458/1066). Er studierte nicht nur bei hanbalitischen Gelehrten, sondern auch bei Hanafiten wie ad-Dāmaġānī (gest. 478/1085), der 30 Jahre lang Oberrichter (*qāḍī l-quḍāt*) in Bagdad war, und bei Abū Ḥāmid al-Ġazālī (gest. 505/1111).

Abū l-Ḥasan ʿAlī ibn Muḥammad al-Kiyā al-Harrāsī (gest. 504/1110) ist ein schafiitischer Rechtsgelehrter aus Ṭabaristān. Er gehört neben Abū Ḥāmid al-Ġazālī (gest. 505/1111) zu den berühmten Schülern Abū l-Maʿālī al-Ǧuwaynīs (gest. 478/1085). Zeit seines Lebens war er Lehrer an Medresen, zuletzt an der Niẓāmīya. Darüber hinaus war er auch als Richter tätig.

Abū l-Ḥasan al-Māwardī, ʿAlī ibn Muḥammad (gest. 450/1058) ist ein vielseitiger schafiitischer Rechtsgelehrter aus Basra, der sich nach mehreren Reisen und Aufenthalten an verschiedenen Orten in Bagdad niederließ. Er war an verschiedenen Orten als Richter tätig und wurde vom Kalifen sogar als qualifiziertester Richter (*aqḍā l-quḍāt*) bezeichnet, eine Sonderbezeichnung, die sonst in der islamischen Geschichte nicht zu finden ist. Sein *al-Ḥāwī al-kabīr,* das ein Kommentar des *al-Muḫtaṣar* von al-Muzanī (gest. 264/878) ist, gilt als bekanntes schafiitisches Rechtswerk. Al-Māwardī sticht daneben durch seine Staatstheorie und sein Werk zur Ethik hervor.

Abū Hurayra (gest. 58/678) ist ein berühmter Prophetengefährte, der im Jahre 628 zum Islam konvertierte. Berühmtheit erlangte er u. a. mit der Tradierung zahlreicher Hadithe. Es wird berichtet, dass er auch zum Gouverneur berufen wurde.

Abū l-Ḥusayn Aḥmad ibn Abī Bakr al-Qudūrī (gest. 428/1037) ist ein irakisch-hanafitischer Gelehrter, dessen Werk *al-Muḫtaṣar* die hanafitische Lehre zusammenfasst. Sein Werk gilt als eines der wichtigsten Werke der Hanafiten. Er selbst wird als *muǧtahid* eingestuft.

Abū l-Ḥusayn al-Baṣrī (gest. 436/1044) ist ein mutazilitischer Gelehrter (oft wird angegeben, er sei hanafitisch). Sein rechtsmethodisches Werk wurde rechtsschulübergreifend (Hanafiten weitestgehend ausgeschlossen) rezipiert. Seine Schriften dienten als Vorlage für eine Reihe von Werken.

Abū Ibrāhīm Ismāʿīl ibn Yaḥyā al-Muzanī (gest. 264/878) ist einer der bekanntesten Schüler von Muḥammad ibn Idrīs aš-Šāfiʿī (gest. 204/820). Al-Muzanī studierte bei ihm in Ägypten. Zuvor studierte er auch beim malikitischen Gelehrten Aṣbaġ ibn al-Faraǧ (gest.

225/840). Al-Muzanī gehört zu denjenigen, die die schafiitische Tradition systematisiert und geprägt haben.

Abū Idrīs al-Ḫawlānī (gest. 80/699–700) war als Richter in Damaskus tätig. Er gehört zur Nachfolgergeneration und ist auch bekannt für seine Betätigung im Feld der Hadithwissenschaften.

Abū ʿĪsā Muḥammad ibn Mūsā at-Tirmiḏī (gest. 279/892) ist ein Hadithwissenschaftler, dessen Hadithkompilation eines der sechs sunnitischen kanonischen Werke ist. Er trug erstmalig systematisch Hadithe zusammen, die Informationen zum Aussehen und Verhalten des Propheten Muhammad beinhalten.

Abū Isḥāq Ibrāhīm ibn Aḥmad al-Marwazī (gest. 340/951) ist ein schafiitischer Rechtsgelehrter, der bei Ibn Surayǧ (gest. 306/918) studierte und zu den führenden Schafiiten seiner Zeit gehörte. Durch seine Tätigkeit konnte sich die schafiitische Rechtsschule spürbar ausbreiten.

Abū Isḥāq Ibrāhīm ibn Mūsā aš-Šāṭibī (gest. 790/1388) ist ein andalusisch-malikitischer Gelehrter, der insbesondere ab dem 20. Jahrhundert durch sein für seine Zeit neuartiges *uṣūl al-fiqh*-Werk berühmt geworden ist. Er ist der erste, der ein *uṣūl*-Werk nach den *maqāṣid*, den übergeordneten Zielen der Scharia, systematisiert hat. Im *furūʿ al-fiqh* folgte er jedoch der traditionellen malikitischen Literatur.

Abū Isḥāq an-Naẓẓām (gest. 231/845) ist ein bekannter mutazilitischer Gelehrter, der die basrische Ausprägung der Mutaziliten stark beeinflusste. Eine Denktradition wird nach seinem Namen benannt: die Naẓẓāmīya. Es wird berichtet, dass er in diversen Disziplinen bewandert war und sich mit der Philosophie wie auch mit unterschiedlichen Religionen befasst habe.

Abū Isḥāq aš-Šīrāzī (gest. 476/1083) ist ein schafiitischer Gelehrter, dessen rechtsmethodische wie rechtspraktische Werke die schafiitische Literatur stark beeinflusst haben. Sein *furūʿ*-Werk *al-Muhaḏḏab* war Gegenstand zahlreicher Kommentarwerke und gehört zur Standardliteratur der Schafiiten.

Abū l-Layṯ as-Samarqandī (gest. 373/983) ist ein hanafitischer Gelehrter, der ebenfalls als Koranexeget und Mystiker bekannt ist. Er beeinflusste sowohl die hanafitische Rechtslehre als auch sunnitisch-theologische Meinungen. Sein mystisch-exegetischer Zugang gehört zu den frühen Formen der mystischen Koranexegese (*at-tafsīr al-išārī*). Er beschäftigte sich auch mit dem Rechtsvergleich innerhalb der Rechtsschulen.

Abū l-Maʿālī al-Ǧuwaynī (gest. 478/1085), auch bekannt als Imām al-Ḥaramayn (der Imam von Mekka und Medina), ist neben al-Bāqillānī (gest. 403/1013) einer der einflussreichsten ascharitisch-schafiitischen Theologen. Insbesondere sein rechtsmethodisches Werk diente als Grundlage für viele *uṣūl al-fiqh*-Werke. Zudem hat er ein umfangreiches rechtspraktisches Werk verfasst.

Abū l-Maḥāsin Ǧamāl ad-Dīn Maḥmūd al-Qunawī (gest. 770/1369) ist ein hanafitischer Gelehrter, der sowohl im Bereich des Rechts als auch der Hadith- und Kalamwissenschaften bewandert war. Er war in Damaskus eine Zeit lang Oberrichter (*qāḍī l-quḍāt*) und auch als Lehrer an Medresen tätig.

Abū Manṣūr al-Māturīdī (gest. 333/944) ist der Gründer der maturiditischen Denktradition. Seine Ansichten formten eine der wichtigsten Gruppen innerhalb der Sunniten. Es wird berichtet, dass er ein rechtsmethodisches Werk verfasst habe. Seine Koranexegese liegt uns neben seinem theologischen Werk heute vor.

Abū Masʿūd ʿUqba ibn ʿAmr al-Badrī (gest. 42/662–663), in Überlieferungsketten auch angeführt als Abū Masʿūd al-Anṣārī, ist ein Prophetengefährte und bekannter Hadithüberlieferer.

Abū Muḥammad Ǧamāl ad-Dīn al-Isnawī (gest. 772/1370) ist ein schafiitischer Rechtsgelehrter aus Ägypten, der einige Kommentare zu *uṣūl*-Werken verfasst hat. Er sticht mit seinem Werk *at-Tamhīd* hervor, in dem er den Rechtsprinzipien entsprechend die Herleitung von Normen zeigt und dabei innerhalb der schafiitischen Rechtsschule bleibt. Er verfasste u. a. ein schafiitisches Biographiewerk. Al-Isnawī war einige Zeit als Beamter tätig, wonach er sich nur noch der Lehre und Forschung widmete. Er bildete u. a. Gelehrte wie Badr ad-Dīn az-Zarkašī (gest. 794/1392) aus.

Abū Muḥammad al-Ḥusayn ibn Muḥammad al-Farrāʾ al-Baġawī (gest. 516/1122) ist ein schafiitischer Gelehrter, der ein einflussreiches rechtsvergleichendes Werk geschrieben hat. Seine Hadithwerke und sein koranexegetisches Werk sind ebenfalls berühmt.

Abū Muqātil Ḥafṣ ibn Salm as-Samarqandī (gest. 208/823) ist ein umstrittener Hadithtradent, dem eine relativ frühe Abhandlung zur Bildung zugeschrieben wird.

Abū Mūsā al-Ašʿarī (gest. 42/662–663) ist ein berühmter Prophetengefährte, der auch als Rechtsgelehrter und Richter anerkannt war. Sein Ruhm geht u. a. auf seine Rolle als Schiedsrichter in der Auseinandersetzung zwischen ʿAlī ibn Abī Ṭālib (gest. 40/661) und Muʿāwiya ibn Abī Sufyān (gest. 60/680) um das Kalifat zurück. Er vertrat im Schiedsgericht ʿAlī gegen Muʿāwiya.

Abū l-Mutawakkil an-Nāǧī (gest. 102 bzw. **108/720–721** bzw. **726–727)** ist ein vertrauenswürdiger Hadithtradent aus der Nachfolgergeneration.

Abū Muṭīʿ al-Balḫī (gest. 199/814) ist Schüler von Abū Ḥanīfa, der das Werk *al-Fiqh al-akbar* und *al-absaṭ* von ihm weiter tradierte. In Balḫ wirkte er mehr als 15 Jahre lang als Richter. Er war zudem versiert in den Hadithwissenschaften, wobei er diesbezüglich von vielen kritisiert worden ist.

Abū l-Muẓaffar [Manṣūr ibn Muḥammad] as-Samʿānī (gest. 489/1096) ist ein schafiitischer Rechtsgelehrter aus Marw. Er stammt aus einer Gelehrtenfamilie hanafitischer Orientierung. Er studierte lange Zeit in Bagdad und Mekka, wo er sich entschied, sich nach schafiitischem Recht zu orientieren. 479/1086 kehrte er nach Marw zurück und lehrte dort an einer Medrese schafiitisches Recht.

Abū l-Muẓaffar Šams ad-Dīn Yūsuf, *siehe* Sibṭ ibn al-Ǧawzī

Abū Naṣr al-Fārābī (gest. 339/950) ist ein muslimischer Philosoph, der durch seine Arbeiten sowohl die Methodologie als auch die Terminologie in der muslimischen Philosophie beeinflusst hat. Seine Schriften reichen bis zur Musiktheorie.

Abū l-Qāsim ʿAbd al-Karīm ar-Rāfiʿī (gest. 623/1226) ist ein berühmter schafiitischer Gelehrter aus Qazwīn im Iran, der die reiche schafiitische Literatur, die bis zum 6./12. Jahrhundert entstand, systematisierte, zusammenfasste und konzis wiedergab.

Abū l-Qāsim al-Ḫiraqī (gest. 334/946) ist der womöglich einflussreichste hanbalitische Gelehrte, der mit seinen Arbeiten dazu beitrug, dass die hanbalitische Schule sich etablieren konnte. Er musste zwar vom Irak nach Damaskus auswandern, konnte aber die hanbalitischen Meinungen systematisch zusammentragen. Sein Werk *al-Muḫtaṣar* wurde von vielen Hanbaliten kommentiert.

Abū l-Qāsim az-Zamaḫšarī (gest. 538/1144) ist ein mutazilitischer Gelehrter, der durch seine Koranexegese *al-Kaššāf ʿan ḥaqāʾiq ġawāmiḍ at-tanzīl wa-ʿuyūn al-aqāwīl fī wuǧūh at-taʾwīl* berühmt ist. Sein exegetisches Werk wurde über die Grenzen der Rechtsschulen und theologischen Schulen hinweg von den meisten Exegeten rezipiert.

Abū Saʿīd al-Ḫādimī (gest. 1176/1762) ist ein osmanisch-hanafitischer Gelehrter, der selbst ein Sufi war. Er wirkte lange Zeit als Lehrer an Medresen in Konya und beeinflusste die anatolische Gelehrsamkeit nachhaltig. Bekannt ist er insbesondere mit seinem Ansatz, Rechtsprinzipien zu berücksichtigen.

Abū Saʿīd al-Ḫudrī (gest. 74/693–964) ist ein bekannter Prophetengefährte, der zu den sieben Prophetengefährten gehört, die über 1000 Hadithe tradiert haben. Er war in Medina zudem als Autorität im Recht anerkannt.

Abū Saʿīd al-Kudamī (gest. 4./10. Jahrhundert) ist ein ibaditischer Gelehrter, der maßgeblich zur Systematisierung seiner Rechtsschule beitrug.

Abū Sulaymān Dāwūd aẓ-Ẓāhirī (gest. 270/884) ist der Gründer der zahiritischen Rechtsschule. Geboren in Kufa, genoss er seine Ausbildung in Baṣra und Bagdad. Zunächst gehörte er der schafiitischen Rechtsschule an, schlug dann aber einen eigenen Weg ein, indem er eine eher traditionalistisch orientierte Methode befürwortete. Seine Rechtsschule verbreitete sich über den Irak hinweg bis nach Andalusien, zerfiel aber in den meisten Regionen und konnte sich schließlich nicht durchsetzen.

Abū Sulaymān al-Ǧūzǧānī (gest. 200/816) ist ein hanafitischer Rechtsgelehrter, der in Bagdad ausgebildet wurde, und zwar bei den beiden bekannten Schülern Abū Ḥanīfas (gest. 150/767), Abū Yūsuf (gest. 182/798) und Muḥammad ibn al-Ḥasan aš-Šaybānī (gest. 189/805). Er gehört zu den vertrauenswürdigen Tradenten der Werke seines Lehrers aš-Šaybānī.

Abū Ṭāhir ad-Dabbās (gest. im 4./10. Jahrhundert) ist ein hanafitischer Gelehrter, dem zugeschrieben wird, eines der ersten Werke zu den Rechtsprinzipien geschrieben zu haben.

Abū Ṭāhir Ismāʿīl al-Ǧayṭālī (gest. 750/1349–1350) ist ein libyscher Gelehrter, der der ibaditischen Rechtsschule zugehört und u. a. auch in Ǧarba wirkte.

Abū Ṯawr (gest. 240/854) zählt zu den Gelehrten, die eine Rechtsschule begründet haben. Er hatte eine besondere Hadithkenntnis und tendierte eher dazu, traditionalistisch zu argumentieren, mit Elementen rationalistischer Herangehensweisen. Seine Schule hatte nicht lange Bestand.

Abū ṭ-Ṭayyib aṭ-Ṭabarī (gest. 450/1058) gehört zu den schafiitischen Gelehrten, die im Rahmen ihrer eigenen Rechtsschule mithilfe der dort anerkannten Methoden Idschtihad ausüben konnten. Entsprechend prägte er mit seinen Ansichten die schafiitische Literatur.

Abū ʿUbayd al-Qāsim ibn Sallām (gest. 224/838) ist ein vielseitiger Gelehrter, der im Bereich der arabischen Sprache, des islamischen Rechts, des Hadiths und der Lesarten sowie der Koranwissenschaft wirkte.

Abū ʿUmar Ibn ʿAbd al-Barr an-Namarī (gest. 463/1071) ist ein einflussreicher andalusisch-malikitischer Rechtsgelehrter, der durch seinen voluminösen rechtsvergleichenden Kommentar zum *al-Muwaṭṭaʾ* von Mālik ibn Anas (gest. 179/795) berühmt ist. Er ist ebenfalls ein anerkannter Hadithwissenschaftler und Geschichts- und Biographie-Autor.

Abū l-ʿUsr al-Bazdawī (auch al-Pazdawī, gest. 482/1089) ist ein zentralasiatisch-hanafitischer Gelehrter, dessen kurzgefasstes *uṣūl*-Werk *Kanz al-wuṣūl ilā maʿrifat al-uṣūl* vielfach kommentiert wurde und zur Standardliteratur der Hanafiten gehört. Seine komplexe Denkstruktur gab ihm den Beinamen ›Vater des Schwierigen‹ (Abū l-ʿUsr). Sein jüngerer Bruder, der ebenfalls im Bereich des Rechts und der Theologie unterwegs war, trug den Beinamen ›Vater des Einfachen‹ (Abū l-Yusr, gest. 493/1100).

Abū ʿUṯmān ʿAmr ibn Baḥr al-Ǧāḥiẓ (gest. 255/869) ist ein mutazilitischer Gelehrter und Literat aus Basra und wirkte sowohl in Bagdad als auch in Sāmarrāʾ. Er schrieb Werke zu diversen Themen, von Theologie hin zu Geschichte, Politik, Ethik und Kunst.

Abū l-Wafāʾ Ibn ʿAqīl (gest. 513/1119) ist ein hanbalitischer Rechtsgelehrter aus Bagdad, der die hanbalitische Literatur durch seine eher rationalistische Haltung beeinflusst und bereichert hat. Er hat bei vielen mutazilitischen Gelehrten systematische Theologie studiert. Sein Lehrer ist der einflussreiche Hanbalit Abū Yaʿlā (gest. 458/1066).

Abū l-Walīd al-Bāǧī (gest. 474/1081) ist ein andalusisch-malikitischer Gelehrter, der nicht nur eine Ausbildung in Andalusien genoss, sondern auch im Nahen Osten studierte. Sowohl sein rechtsmethodisches als auch sein rechtspraktisches Werk (der Kommentar zum *Muwaṭṭaʾ* Māliks) haben die malikitische Literatur stark beeinflusst. Seine Rechtsmethodik entstand zu einer Zeit, in der die andalusisch-malikitische Gelehrsamkeit sich zum Idschtihad und den *uṣūl al-fiqh* kritisch positionierte.

Abū l-Walīd Ibn Rušd, *siehe* Ibn Rušd

Abū Yaʿlā al-Farrāʾ (gest. 458/1065) ist einer der bedeutendsten hanbalitischen Gelehrten und Richter, der auch als Hadithwissenschaftler bekannt war. Er bildete zahlreiche Rechtsgelehrte aus und befasste sich eingehend mit der Rechtsmethodik. Obwohl sein Vater Hanafit war, entschied er sich für die hanbalitische Rechtsschule. Sein Bruder wie auch sein Großvater befassten sich ebenfalls mit den islamischen Wissenschaften.

Abū Yaʿqūb Yūsuf ibn Yaḥyā al-Buwayṭī (gest. 231/846) gehört zu den vornehmsten Schülern Muḥammad ibn Idrīs aš-Šāfiʿīs (gest. 204/820) in Ägypten. Er studierte zudem bei dem malikitischen Gelehrten Ibn Wahb (gest. 197/813). Aš-Šāfiʿī soll ihm erlaubt haben, für ihn zu unterrichten. Er trug zur Systematisierung und Etablierung der schafiitischen Rechtsschule entscheidend bei.

Abū l-Yumn al-ʿUlaymī (gest. 928/1522) ist ein hanbalitischer Richter, Geschichtsschreiber und Koranexeget. Er war u. a. in Jerusalem als Richter tätig. Nach dieser Tätigkeit lehrte er dort, erteilte Fatwas und widmete sich seiner Forschung.

Abū l-Yusr [Muḥammad ibn Muḥammad] al-Bazdawī (gest. 493/1100) ist der Bruder des berühmten Hanafiten Abū l-ʿUsr al-Bazdawī (gest. 482/1089). Er war sowohl als hanafitischer Jurist als auch als ein wichtiger maturiditischer *kalām*-Gelehrter bekannt. Zu seinen Schülern gehört u. a. ʿAlāʾ ad-Dīn as-Samarqandī (gest. 539/1144).

Abū Yūsuf Yaʿqūb ibn Ibrāhīm (gest. 182/798) ist einer der wichtigsten Schüler Abū Ḥanīfas (gest. 150/767) und formte maßgeblich die hanafitische Lehre. Gemeinsam mit Zufar ibn Huḏayl (gest. 158/775) leitete er den Unterricht nach dem Tod Abū Ḥanīfas. Er übernahm erstmalig die Aufgabe eines Oberrichters (*qāḍī l-quḍāt*) unter dem abbasidischen Herrscher Hārūn ar-Rašīd (reg. 786–809).

Abū Zahra, Muḥammad (gest. 1974) ist ein ägyptischer Gelehrter und Jurist, der zu verschiedenen Themen der islamischen Theologie gearbeitet hat. Abū Zahra schrieb u. a. eine Einführung in die *uṣūl al-fiqh* sowie eine Geschichte der islamischen Strömungen (*maḏāhib*) und einige Biographien zu Rechtsgelehrten.

Abu Zayd, *siehe* Nasr Hamid Abu Zayd

Abū Zakarīyā Ǧamāl ad-Dīn Yaḥyā ibn Yūsuf aṣ-Ṣarṣarī (gest. 656/1258) ist ein hanbalitischer Rechtsgelehrter und Sufi, der das hanbalitische Standardwerk von al-Ḫiraqī (gest. 334/946) in Gedichtform komponiert hat. Er ist auch als Literat und Dichter bekannt.

Abū Zayd ad-Dabūsī (gest. 430/1039) gehört zu den Begründern der hanafitischen Begriffssystematik in den *uṣūl al-fiqh*. Al-Bazdawī (gest. 482/1089) und as-Saraḫsī (gest. 482/1090) entwickelten seine Theorie weiter. Er gehört zu den Begründern der *ḫilāf*-Literatur (Werke, die sich auf die Meinungsverschiedenheiten der Gelehrten konzentrieren) und verfasste auch Werke zur islamischen Mystik.

Abū z-Zubayr ibn Muḥammad al-Makkī (gest. 125 bzw. 128/742–743 bzw. 745–746) ist ein Hadithtradent aus der Nachfolgergeneration.

Adis Duderija (geb. 1977) ist ein Islamwissenschaftler an der Griffith University.

ʿAḍud ad-Dīn al-Īǧī (gest. 756/1355) ist ein bekannter ascharitischer Gelehrter aus der Nähe von Šīrāz. Berühmt sind seine Bestrebungen zu den Grundlagen (*uṣūl*) der Theologie, des Rechts sowie der Sprache, die sich in verschiedenen Werken niederschlagen.

al-Afġānī, *siehe* Ǧamāl ad-Dīn al-Afġānī

Āġā Buzurg aṭ-Ṭihrānī (gest. 1389/1970) ist ein zwölferschiitischer Gelehrter, ein Großayatollah. Berühmt ist sein biographisches Werk zu zwölferschiitischen Gelehrten.

Aḥmad Bābā at-Tinbuktī (gest. 1036/1627) ist ein sudanesischer malikitischer Gelehrter, der neben rechtsrelevanten Werken auch biographische Werke schrieb und sich darüber hinaus mit Hadith und weiteren Disziplinen befasste.

Aḥmad al-Ḫamlīšī (geb. 1935) ist ein marokkanischer Rechtswissenschaftler und Intellektueller, der sich auch mit den islamischen Rechtswissenschaften und ihrer Weiterentwicklung befasst.

Aḥmad ibn Ḥanbal (gest. 241/855) ist der Gründer der hanbalitischen Rechtsschule und als Hadithwissenschaftler berühmt. Seine traditionalistische Haltung zeigt sich nicht nur im Bereich des Rechts, sondern auch in theologischen Fragen.

Aḥmad ibn ʿĪsā ibn Zayd (gest. 247/861) ist ein zayditisch-schiitischer Gelehrter, der die zayditische Rechtsschule in ihrer Etablierungsphase in Kufa vertrat.

Aḥmad ibn Muḥammad al-Ardabīlī (gest. 993/1585) ist ein imamitisch-schiitischer Rechts- und Kalām-Gelehrter. Er wirkte vor allem im Irak, in Naǧaf, und bildete zahlreiche Schüler aus.

Aḥmad ibn Muḥammad ibn ʿUmar al-Anṣārī ist ein muslimischer Autor, der seine Magisterarbeit der Frage für die Gründe der Meinungsverschiedenheit der Gelehrten widmete. Er publizierte seine Arbeit unter dem Titel *Āṯār iḫtilāf al-fuqahāʾ fī š-šarīʿa* im Jahre 1996.

Aḥmad ibn al-Qāsim al-ʿAnsī aṣ-Ṣanʿānī (gest. 1390/1970) ist ein zayditisch-jemenitischer Rechtsgelehrter und Richter.

Aḥmad ibn al-Qāsim al-Būnī (gest. 1139/1726) ist ein algerisch-malikitischer Rechtsgelehrter, Hadithwissenschaftler und Dichter, der insbesondere hadithwissenschaftliche Werke in Reimform verfasst hat. Er schrieb zudem das *Muḫtaṣar*-Werk von Ḫalīl ibn Isḥāq al-Ǧundī (gest. 776/1374) in Reimform um.

Aḥmad ibn Yaḥyā al-Wanšarīsī (gest. 914/1508) ist ein nordafrikanisch-malikitischer Rechtsgelehrter, der zu seiner Zeit als eine große malikitische Autorität galt. Er war als Richter und Mufti tätig. Sein bekanntes enzyklopädisches Werk *al-Miʿyār* trägt Fatwas vor allem aus Andalusien und Maghreb zusammen, die er nach den Rechtsbereichen ordnete.

Ahmed Cevdet Paşa (gest. 1895) ist ein spätosmanischer Gelehrter und Staatsmann. Er war sowohl als Richter tätig als auch als Lehrer an Medresen und bekleidete darüber hinaus weitere offizielle Ämter. Bekannt ist er insbesondere für seinen Vorsitz des Gelehrtenausschusses, der die *Mecelle-i Aḥkām-ı ʿadliyye* geschrieben hat.

Āḫūnd Mullā, *siehe* Muḥammad Kāẓim al-Ḫurasānī

ʿĀʾiša ʿAbd ar-Raḥmān (gest. 1998), bekannt als **Bint aš-Šāṭiʾ**, ist eine ägyptische Literaturwissenschaftlerin, die sich eingehend mit dem Koran und der Koranexegese befasste.

ʿĀʾiša bint Abī Bakr (gest. 58/678) ist Prophetenwitwe und vielleicht sogar die bekannteste Prophetengefährtin. Von ihr liegen Überlieferungen mit Inhalten zum Recht, Hadith, zur Koranexegese sowie zum *kalām* vor.

ʿAlāʾ ad-Dīn [Abū Bakr ibn Masʿūd] al-Kāsānī (gest. 587/1191) ist ein hanafitischer Gelehrter, dessen Berühmtheit auf sein Rechtswerk zurückgeht. Er kommentierte das Rechtswerk seines Schwiegervaters ʿAlāʾ ad-Dīn as-Samarqandī (gest. 539/1144), dessen Werk eher als Vorlage diente, als dass al-Kāsānī den Text wirklich kommentierte. Gemeinsam mit ihm und seiner Ehefrau Fāṭima as-Samarqandīya (gest. 581/1185) erließ al-Kāsānī viele Fatwas.

ʿAlāʾ ad-Dīn as-Samarqandı (gest. 539/1144) ist ein bedeutender hanafitisch-maturiditischer Gelehrter, der besonders bestrebt war, die hanafitischen *uṣūl al-fiqh* nach der Theologie Abū Manṣūr al-Māturīdīs (gest. 333/944) neu zu strukturieren und zu begründen. Er verfasste neben seinem *uṣūl*-Werk *Mīzān al-uṣūl* auf Grundlage des *Muḫtaṣar* von al-Qudūrī (gest. 428/1037) das Werk *Tuḥfat al-fuqahāʾ*, das sich durch seine Systematik auszeichnet.

al-ʿAlāʾī, *siehe* Ṣalāḥ ad-Dīn Ḫalīl ibn al-Kaykaldī al-ʿAlāʾī

ʿAlī ibn Abī Ṭālib (40/661, reg. 656–661) ist der Cousin des Propheten und ein bekannter Prophetengefährte. Er gilt für viele muslimische Strömungen als Vorbild. Für die schiitische und alevitische Tradition spielt er dagegen eine konstitutive Rolle.

ʿAlī ibn al-Ḥusayn al-Baġdādī, Abū ʿUbayd (gest. 317/929–930) ist ein als vertrauenswürdig eingestufter Hadithtradent, der zuletzt in Bagdad wirkte. Er war zudem Richter in Ägypten und als Rechtsgelehrter bekannt.

ʿAlī ibn al-Ḥusayn al-Karakī (al-Muḥaqqiq aṯ-Ṯānī, gest. 940/1534) ist ein imamitisch-schiitischer Gelehrter aus Libanon, der diese Strömung nachhaltig beeinflusste. Er gehört zu den Schlüsselfiguren unter den Schiiten.

ʿAlī ibn Ṣalāḥ ibn ʿAlī ibn Muḥammad aṭ-Ṭabarī (gest. 1071/1660–1661) ist ein zayditischer Gelehrter, dessen rechtsmethodisches Werk bekannt ist.

ʿAlī an-Naqī (gest. 254/868) ist ein Nachfahre ʿAlīs (gest. 40/661) und zugleich der 10. Imam innerhalb der Zwölferschiiten bzw. der Imamiten.

ʿAlī ar-Riḍā (gest. 203/818) ist der 8. Imam innerhalb der zwölferschiitischen, imamitischen Tradition und somit ein Nachfahre ʿAlīs (gest. 40/661).

ʿAllāl al-Fāsī (gest. 1974) ist ein marokkanischer Politiker und Intellektueller, der sich in seinen Vorlesungen, die in Buchform publiziert wurden, mit den übergeordneten Zielen (*maqāṣid*) der Scharia befasst hat. Damit beeinflusste er die moderne *maqāṣid*-Debatte.

ʿAlqama ibn Qays (gest. 62/682) ist ein berühmter Vertreter der Rechtstradition in Kufa und zugleich einer der bekannteren Schüler von ʿAbdallāh Ibn Masʿūd (gest. 32/652–653). ʿAlqama war der Lehrer von berühmten Gelehrten wie Ibrāhīm an-Naḫaʿī (gest. 96/714) und aš-Šaʿbī (gest. 104/722). Sein Einfluss geht über das Recht hinaus; er ist auch eine Autorität in der Koranexegese.

al-ʿAlwānī, *siehe* Ṭāhā Ǧābir al-ʿAlwānī

al-Āmidī, *siehe* Sayf ad-Dīn al-Āmidī

Al-Amīn, Abū ʿAbdallāh Muḥammad (gest. 198/813) ist ein abbasidischer Kalif, der von 809 bis 813 herrschte. Er ist der zweitgeborene Sohn von Hārūn ar-Rašīd (gest. 193/809), der ihn seinem erstgeborenen Sohn al-Maʾmūn (gest. 218/833) vorzog. In dieser Reihenfolge designierte er sie zu seinen Nachfolgern.

Amīn al-Ḫūlī (gest. 1966) ist ein ägyptischer Literaturwissenschaftler, der eine reformorientierte Haltung in Bezug auf die religiösen Wissenschaften hatte. Er wandte literaturwissenschaftliche Methoden auf die Koranexegese an und legte u. a. den Grundstein für historisch-kritische Lesarten. Seine Frau ʿĀʾiša ʿAbd ar-Raḥmān (gest. 1998) setzte in ihren koranexegetischen Schriften die von al-Ḫūlī vorgeschlagenen Methoden um und entwickelte daraus eine eigene Herangehensweise.

ʿĀmir ibn ʿAlī aš-Šammāḫī (gest. 792/1389–1390) ist ein einflussreicher ibaditischer Gelehrter.

Al-Amīr al-Kabīr as-Sunbāwī (gest. 1232/1817) ist ein ägyptisch-malikitischer Gelehrter.

ʿAmr ibn al-ʿĀṣ (gest. 43/664) ist ein berühmter Prophetengefährte, der die Eroberung von Ägypten einleitete und wichtige politische Ämter bekleidete. Er gehörte zu den Entscheidungsträgern in den frühen politischen Auseinandersetzungen innerhalb der Muslim:innen.

ʿAmr ibn Dīnār (gest. 126/744) gehört zur Nachfolgergeneration und zu den führenden Rechtsgelehrten von Mekka. Zudem gilt er als ein vertrauenswürdiger Hadithtradent.

al-ʿAmrīṭī, *siehe* Šaraf ad-Dīn al-ʿAmrīṭī

Anas ibn Mālik (gest. 93/711–712) ist ein Prophetengefährte, der zehn Jahre lang im Dienste des Propheten stand und somit zu seinem engeren Kreis gehörte. Er gehört zu den Gefährten, die sehr viele Hadithe tradierten. Zuletzt wohnte er in Basra und verstarb auch an diesem Ort.

Andreas Görke (geb. 1969) ist Islamwissenschaftler. Er wuchs im Libanon auf, studierte in Hamburg Islamwissenschaften und habilitierte in Basel. Mit seinen Forschungen im Bereich der Hadith- und Geschichtswissenschaften trug er wesentlich dazu bei, die *isnād-cum-matn*-Analyse zu begründen.

Al-Aqraʿ ibn Ḥābis (gest. ca. 33/653–654) war ein Prophetengefährte, der im Ramaḍān 8/630 zum Islam konvertierte. Er gehörte zu den führenden Persönlichkeiten des Stammes Tamīm und war als Schiedsrichter bekannt. Bis zu seiner Konversion gehörte er der Gruppe an, deren Herzen für den Islam gewonnen werden sollten (die sog. *al-muʾallafa qulūbhum*). Diese Gruppe von Personen erhielt einen Anteil von den *zakāt*-Einnahmen. Nach seiner Konversion beteiligte sich al-Aqraʿ an diversen Eroberungszügen (u. a. von Mekka), auch nach dem Ableben des Propheten.

al-Ardabīlī, *siehe* Aḥmad ibn Muḥammad al-Ardabīlī

Asad ibn ʿAmr al-Baǧalī (gest. 190/806) war ein Schüler Abū Ḥanīfas (gest. 150/767), der in Wāsiṭ und Bagdad als Richter tätig war. Er wurde nach Abū Yūsuf (gest. 182/798) zum Richter in Bagdad ernannt. Zudem befasste er sich auch mit der Hadithwissenschaft.

Asad ibn al-Furāt (gest. 213/828) ist ein malikitischer Rechtsgelehrter, der als Richter in Qayrawān tätig war. Er las bei Mālik ibn Anas (gest. 179/795) das *al-Muwaṭṭaʾ*, wonach er in den Irak ging und bei berühmten Schülern von Abū Ḥanīfa (gest. 150/767) studierte. In Ägypten studierte er dagegen wieder bei malikitischen Gelehrten wie Ibn al-Qāsim (gest. 191/806) und Ibn Wahb (gest. 197/813).

al-Aṣamm, *siehe* Abū Bakr al-Aṣamm

Aṣbaġ ibn al-Faraǧ (gest. 225/840) ist ein ägyptisch-malikitischer Rechtsgelehrter und Hadithwissenschaftler, der viele Schüler ausbildete und Fatwas erteilte. Seine Arbeiten und Lehrzirkel trugen zur Systematisierung und Etablierung der malikitischen Rechtsschule entscheidend bei. Er übte Einfluss auf Hadithwissenschaftler wie Abū Ḥātim ar-Rāzī (gest. 277/890) aus und war auch Lehrer von Schülern wie al-Muzanī (gest. 264/878) und Rabīʿ ibn Sulaymān (gest. 270/884), die später von aš-Šāfiʿī (gest. 204/820) beeinflusst waren und diesem folgten.

Ašhab al-Qaysī (gest. 204/820) ist ein ägyptisch-malikitischer Rechtsgelehrter, der neben Ibn al-Qāsim (gest. 191/806) zu den wichtigsten malikitischen Autoritäten in Ägypten gehörte. Er war der Lehrer wichtiger malikitischer Gelehrter wie Saḥnūn (gest. 240/854) und Ibn al-Mawwāz (gest. 269/883).

al-ʿAšmāwī, *siehe* Muḥammad Saʿīd al-ʿAšmāwī

ʿAṭāʾ ibn Abī Rabāḥ (gest. 114/732) gehört zu den wichtigsten Rechtsgelehrten in Mekka. Er ist dafür bekannt, rationale Rechtsfindungsmethoden anzuwenden. Viele seiner Ansichten haben in Rechtskompendien, koranexegetischen sowie auch Überlieferungswerken der Kategorie *Muṣannaf* überlebt.

ʿAṭīya, *siehe* Ǧamāl ad-Dīn ʿAṭīya

Aṯīr ad-Dīn al-Abharī (gest. 663/1265) ist ein bekannter Philosoph und Mathematiker aus Mosul. Er studierte u. a. in Bagdad und bereiste auch Anatolien. Neben seinen philosophischen Schriften ist sein *Īsāġūǧī*, ein Werk zur Logik, sehr berühmt und wurde an Medresen gelehrt und von vielen Gelehrten kommentiert.

Auda, *siehe* Jasser Auda

Al-Awzāʿī, Abū ʿAmr ʿAbd ar-Raḥmān ibn ʿAmr (gest. 157/774) ist ein unabhängiger Rechtsgelehrter aus Damaskus, der sowohl bei bekannten Rechtsgelehrten wie ʿAṭāʾ ibn Abī Rabāḥ (gest. 114/732) als auch bei bekannten Hadithgelehrten wie Ibn Šihāb az-Zuhrī (gest. 124/742) studierte. Er selbst gehört nicht zur Nachfolgergeneration, jedoch konnte er bei einigen Gelehrten, die zu dieser Generation gehören, studieren. Es wird berichtet, dass sich aus seinem Ansatz eine Rechtsschule, die Awzāʿīya entwickelt hat, die Anhänger im Irak, in Syrien, im Hedschas, in Ägypten und in Nordafrika sowie in Andalusien hatte. Sie konnte aber nicht lange bestehen.

B

Badr ad-Dīn ibn Ǧamāʿa (gest. 733/1333) ist ein schafiitischer Gelehrter aus einer Gelehrtenfamilie aus Hama. Er war u. a. als Lehrer (*mudarris*), Imam und Prediger an der al-Aqṣā-Moschee und Kadi in Jerusalem. Später wurde er zum Oberkadi von Ägypten ernannt, woraufhin er wieder Lehr- und Imamtätigkeiten sowie Richterämter an verschiedenen Orten aufnahm. Neben seiner Betätigung im Bereich der Rechtswissenschaften ist er auch als Hadithwissenschaftler bekannt.

Badr ad-Dīn al-Qarāfī (gest. 1008/1600) ist ein ägyptisch-malikitischer Rechtsgelehrter und Biograph. Er gehört zu den bekanntesten Richtern Ägyptens.

Badr ad-Dīn az-Zarkašī (gest. 794/1392) ist ein vielseitiger schafiitischer Gelehrte aus Ägypten, der nicht nur mit seinem enzyklopädischen *uṣūl*-Werk *al-Baḥr al-muḥīṭ* bekannt ist. Er hat als einer der Ersten ein umfassendes koranwissenschaftliches Werk mit dem Titel *al-Burhān fī ʿulūm al-Qurʾān* geschrieben.

al-Baġawī, *siehe* Abū Muḥammad al-Ḥusayn ibn Muḥammad al-Farrāʾ al-Baġawī

al-Bāǧī, *siehe* Abū l-Walīd al-Bāǧī

Bāḥusayn, *siehe* Yaʿqūb ibn ʿAbd al-Wahhāb Bāḥusayn

Bakker, *siehe* Jens Bakker

al-Bāqillānī, *siehe* Abū Bakr Muḥammad ibn Ṭayyib al-Bāqillānī

Bassam Tibi (geb. 1944) ist ein Politikwissenschaftler, der sich mit dem Konzept des ›Euroislam‹ beschäftigte und dazu mehrere Schriften verfasst hat.

Bassiouni, *siehe* Mahmoud Bassiouni

Bauer, *siehe* Thomas Bauer

al-Bayḍāwī, *siehe* Nāṣir ad-Dīn al-Bayḍāwī

al-Bayhaqī, *siehe* Abū Bakr Aḥmad ibn al-Ḥusayn al-Bayhaqī

al-Bazdawī, *siehe* Abū l-ʿUsr al-Bazdawī

Bedir, *siehe* Murteza Bedir

Bigiev, *siehe* Musa Ǧār Allāh Bigiev

al-Bihbihānī, *siehe* Muḥammad Bāqir al-Bihbihānī

Biralwī, *siehe* Mirza Ḫān Biralwī

Al-Bīrūnī, Abū r-Rayḥān Muḥammad ibn Aḥmad (gest. 453/1061) ist ein vielseitiger Gelehrter, der in zahlreichen wissenschaftlichen Feldern gearbeitet hat. Dazu gehören Astronomie, Geographie, Geschichte, Mathematik, Medizin und Physik.

Bleisch Bouzar, *siehe* Petra Bleisch Bouzar

Bobzin, *siehe* Hartmut Bobzin

al-Buḫārī, *siehe* Muḥammad ibn Ismāʿīl al-Buḫārī; *siehe* ʿAbd al-ʿAzīz al-Buḫārī

Burhān ad-Dīn ʿAlī ibn Abī Bakr al-Marġīnānī (gest. 593/1197) ist ein zentralasiatisch-hanafitischer Gelehrter, dessen Werk *al-Hidāya fī Šarḥ al-Bidāya* zur Standardliteratur der Hanafiten gehört.

Burhān ad-Dīn Ibn Farḥūn (gest. 799/1397) ist ein malikitischer Gelehrter und Biograph, der aus einer einflussreichen Familie stammte. Er war zugleich eine lange Zeit lang als Richter in Medina tätig.

Burhān ad-Dīn az-Zarnūǧī (gest. im 7./13. Jahrhundert) ist ein hanafitischer Gelehrter. Über sein Leben ist wenig bekannt; sein Todesdatum ist umstritten. Sein einziges überliefertes Werk befasst sich mit Bildungskonzepten.

al-Būṭī, *siehe* Ramaḍān al-Būṭī

al-Buwayṭī, *siehe* Abū Yaʿqūb Yūsuf ibn Yaḥyā al-Buwayṭī

C

Christiaan Snouck Hurgronje (gest. 1936) ist ein niederländischer Islamwissenschaftler und Arabist. Er zählt zu den Gründern der modernen Islamwissenschaft und spielte eine wichtige Rolle in der politischen Beratung. In seinen Forschungsarbeiten beschäftigte er sich auch mit den islamischen Rechtswissenschaften.

Christopher Melchert ist Professor für Arabistik und Islamwissenschaft (Arabic and Islamic Studies) an der University of Oxford.

Melchert beschäftigte sich in seiner Promotionsarbeit mit der Entstehung und Entwicklung von Rechtsschulen. Seine Forschungsarbeiten beschränken sich aber nicht nur auf die islamischen Rechtswissenschaften.

Coulson, *siehe* Noel J. Coulson

Crone, *siehe* Patricia Crone

D/Ḍ/Ḏ

ad-Dabbās, *siehe* Abū Ṭāhir ad-Dabbās

ad-Dabūsī, *siehe* Abū Zayd ad-Dabūsī

Aḍ-Ḍaḥḥāk ibn Muzāḥim (gest. 105/723) ist einer der bekanntesten Koranexegeten der Frühzeit. Er tradierte koranexegetisches Material von Prophetengefährten wie ʿAbdallāh Ibn ʿAbbās (gest. 68/687–688).

Ad-Dāmaġānī, Abū ʿAbdallāh Muḥammad ibn ʿAlī (gest. 478/1085) ist ein hanafitischer Gelehrter, der nach Bagdad auswanderte und dort bei berühmten Gelehrten wie al-Qudūrī (gest. 428/1037) und al-Ḫaṭīb al-Baġdādī (gest. 463/1071) studierte. Er war 30 Jahre lang Oberkadi (*qāḍī l-quḍāt*) in Bagdad und bekannt auch für seine Fertigkeiten in der Disputation (*munāẓara*).

David R. Vishanoff (geb. 1968) ist Associate Professor an der University of Oklahoma. Er befasst sich u. a. mit der islamischen Rechtstheorie und -methodik.

Dāwūd aẓ-Ẓāhirī, *siehe* Abū Sulaymān Dāwūd aẓ-Ẓāhirī

Duderija, *siehe* Adis Duderija

E

Ebert, *siehe* Hans-Georg Ebert

Ertuğrul Şahin (geb. 1965) ist Politikwissenschaftler, der mit am Aufbau der islamischen Theologie insbesondere an der Goethe-Universität Frankfurt am Main war. Şahin befasst sich in seiner Promotion mit dem Thema ›Euroislam‹.

F

Faḫr ad-Dīn Ibn Taymīya (gest. 622/1225) ist ein hanbalitischer Gelehrter, der zur einflussreichen Familie der Taymīya gehörte.

Faḫr ad-Dīn ar-Rāzī, Abū ʿAbdallāh Muḥammad ibn ʿUmar (gest. 606/1210) ist ein vielseitiger ascharitisch-schafiitischer Gelehrter, der sowohl zur Philosophie als auch zur Theologie, Koranexegese und *uṣūl al-fiqh* umfangreiche Werke verfasst hat, neben Schriften zur Medizin, Astronomie und Mathematik.

al-Fārābī, *siehe* Abū Naṣr al-Fārābī

Fāṭima bint ʿAbbās ibn Abī l-Fatḥ (gest. 714/1315) ist eine Gelehrte, die mit ihren männlichen Kollegen über islamrechtliche Fragen debattierte, insbesondere in Fragen, die speziell für Frauen wichtig sind, wie etwa der Umgang mit der Menstruation und ihre rechtlichen Folgen.

Fāṭima bint ʿAlāʾ ad-Dīn as-Samarqandīya (gest. 581/1185) ist eine hanafitische Gelehrte, die das Werk *Tuḥfat al-fuqahāʾ* ihres Vaters ʿAlāʾ ad-Dīn as-Samarqandī (gest. 539/1144) auswendig lernte und gemeinsam mit ihm und ihrem Ehemann ʿAlāʾ ad-Dīn al-Kāsānī (gest. 587/1191) Fatwas erteilte. Sie schrieb diese gemeinsam unterschrieben veröffentlichten Fatwas selbst. Später lebten as-Samarqandīya und al-Kāsānī in Aleppo, wo sie hohes Ansehen genossen.

Fāṭima bint Muḥammad al-Fihrī (3./9. Jahrhundert) ist eine Stifterin des *Ǧāmiʿ al-Qarawīyīn* im Jahre 245/859.

Fāṭima bint Qays (gest. 54/674) ist eine Prophetengefährtin. Ihre vom Propheten tradierte Meinung in Bezug auf die Unterhaltszahlung für geschiedene Frauen machte sie in der Rechtstradition berühmt.

Fayḍ Kāšānī (Mullā Muḥsin, gest. 1090/1679) ist ein imamitisch-schiitischer Gelehrter, der zu der traditionalistisch orientierten Tradition der Schiiten, den *aḫbārīyūn*, gehörte. Er war auch ein Sufi; sein Lehrer ist der bekannte schiitische Gelehrte und Philosoph Mullā Ṣadrā (gest. 1050/1641).

Fazlur Rahman (gest. 1988) ist ein pakistanischer Philosoph, der insbesondere durch seine Kritik an der Geschichte der islamischen Methodenlehre und den Aufruf, den Koran historisch zu lesen und für die heutige Zeit neu zu deuten, bekannt ist.

Fuat Sezgin (gest. 2018) ist ein türkischer Orientalist und Islamwissenschaftler. Durch seine Arbeiten im Bereich der Wissenschaftsgeschichte im weitesten Sinne (nicht nur in Bezug auf die islamischen Wissenschaften) trug er entscheidend dazu bei, die Wissenschaftskultur arabischer Wissenschaften zu erschließen. Sein wichtigstes Werk ist die umfangreiche Geschichte des arabischen Schrifttums.

G/Ġ/Ǧ

Ǧābir ibn ʿAbdallāh (gest. 78/697) ist ein Prophetengefährte, der zu denen gehört, die zahlreiche Hadithe tradierten.

Ǧābir ibn Zayd (gest. 93/711–712) ist ein Hadith- und Rechtsgelehrter, der als Gründer der ibaditischen Rechtsschule gilt. Er war darüber hinaus ein einflussreicher Exeget und ein angesehener Hadithtradent.

Ǧaʿfar ibn Aḥmad (gest. 573/1177) ist ein zayditischer Rechtsgelehrter und Theologe aus dem Jemen, der auch durch seine Arbeiten in den Hadithwissenschaften bekannt ist. Er reiste viel und war auch im Irak und in Mekka für Studienzwecke unterwegs. Seine Arbeiten beschränken sich daher nicht nur auf die Rechtswissenschaften, sondern umfassen auch die systematische Theologie und Hadithwissenschaften.

Ǧaʿfar ibn Manṣūr al-Yamān (erste Hälfte 4./10. Jahrhundert) ist ein ismailitischer Gelehrter, der sich mit der Philosophie und mit Bildungskonzepten befasst hat.

Ğaʿfar aṣ-Ṣādiq (gest. 148/765) ist einer der wichtigsten imamitisch-schiitischen Rechtsgelehrten, nach dem die imamitische Rechtsschule genannt ist: Dschafariten (Ğaʿfariten). Er ist zugleich der sechste Imam der Zwölferschiiten und der fünfte der Ismailiten, d. h. der Siebenerschiiten. Zu denjenigen, die von ihm Überlieferungen tradierten, gehören auch sunnitische Gelehrte, wie etwa Abū Ḥanīfa (gest. 150/767) und Mālik ibn Anas (gest. 179/795).

al-Ğāḥiẓ, *siehe* Abū ʿUṯmān ʿAmr ibn Baḥr al-Ğāḥiẓ

Ğalāl ad-Dīn al-Maḥallī (gest. 864/1459) ist ein schafiitischer Rechtsgelehrter aus Ägypten, der auch als Koranexeget bekannt ist. Er nahm für seine Ausbildung auch an hanafitischen und malikitischen Lehrzirkeln teil und war an Medresen als Lehrer tätig.

Ğalāl ad-Dīn as-Suyūṭī (gest. 911/1505) ist ein ägyptisch-schafiitischer Gelehrter, der sich vornehmlich mit Überlieferungswissenschaften wie Hadithwissenschaften und Überlieferungen in der Koranexegese befasst hat. Er selbst hat neben seinem umfangreichen Korankommentar, der koranexegetische Überlieferungen umfasst, gemeinsam mit Ğalāl ad-Dīn al-Maḥallī (gest. 864/1459) ein berühmtes kurzes koranexegetisches Werk geschrieben. As-Suyūṭī sah sich selbst als (unabhängigen) Mudschtahid. Er war u. a. als Richter, Lehrer und Imam tätig. Da er sich mit nahezu allen religiösen Wissenschaften befasste, beanspruchte er, der Erneuerer (*muğaddid*) seines Jahrhunderts zu sein.

Ğamāl ad-Dīn al-Afġānī (gest. 1314/1897) ist ein muslimischer Intellektueller, der sinnbildlich sowohl für Reformbewegungen als auch hinter der Idee des Panislamismus stand. Er beeinflusste wichtige Persönlichkeiten wie Muḥammad ʿAbduh (gest. 1905).

Ğamāl ad-Dīn ʿAṭīya (gest. 2017) ist ein ägyptischer Denker, der zum Bereich des islamischen Rechts forschte. Er prägte die Diskussionen um das Minderheiten-*fiqh* (*fiqh al-aqallīyāt*) und die übergeordneten Ziele (*maqāṣid*) der Scharia.

Ǧamāl ad-Dīn al-Miqdād ibn ʿAbdallāh as-Sayyūrī (gest. 826/1423) ist ein imamitisch-schiitischer Rechtsgelehrter, der durch sein koranexegetisches *aḥkām al-Qurʾān*-Werk bekannt ist.

Ǧamāl ad-Dīn al-Qāsimī (gest. 1914) ist ein syrischer reformorientierter salafitischer Gelehrter. Er betonte den Idschtihad, befasste sich theoretisch wie praktisch mit Fatwas und verfasste u. a. ein koranexegetisches Werk (*Maḥāsin at-taʾwīl*).

al-Ǧaṣṣāṣ, *siehe* Abū Bakr ar-Rāzī al-Ǧaṣṣāṣ

Al-Ǧawharī, Abū Naṣr Ismāʿīl ibn Ḥammād (gest. vor 400/1010) ist ein Sprachwissenschaftler und Lexikograph, der ein umfangreiches arabisches Lexikon mit dem Titel *Tāǧ al-luġa* geschrieben hat. Es wurde vielfach von anderen Gelehrten kommentiert und rezensiert.

al-Ġazālī, *siehe* Abū Ḥāmid [Muḥammad ibn Muḥammad] al-Ġazālī

al-Ǧazīrī, *siehe* ʿAbd ar-Raḥmān ibn Muḥammad al-Ǧazīrī

Gīlānī, *siehe* ʿAbd al-Qādir Gīlānī

Goldziher, *siehe* Ignaz Goldziher

Görke, *siehe* Andreas Görke

Gregor Schoeler (geb. 1944) ist ein deutscher Islamwissenschaftler und Arabist. Er war bis zu seiner Emeritierung in Basel als Professor für Islamwissenschaft tätig. Seine Forschungen im Bereich der Prophetenbiographie sowie der Überlieferungswissenschaften insgesamt trugen dazu bei, Datierungsmethoden zu verfeinern.

Gualtherus Hendrik Albert Juynboll (gest. 2010) ist ein holländischer Islamwissenschaftler, der sich insbesondere mit den Hadithwissenschaften befasst hat. Er trug wesentlich dazu bei, die *isnād*-Analyse zu verfeinern, um Hadithe datieren zu können. Er wurde sowohl sehr stark rezipiert als auch von Wissenschaftlern wie Harald Motzki (gest. 2019) kritisiert.

Ġulām al-Ḫallāl, *siehe* Abū Bakr ʿAbd al-ʿAzīz ibn Ǧaʿfar

al-Ǧundī, *siehe* Ḫalīl ibn Isḥāq al-Ǧundī

Günther, *siehe* Sebastian Günther

al-Ǧuwaynī, *siehe* Abū l-Maʿālī al-Ǧuwaynī

al-Ǧūzǧānī, *siehe* Abū Sulaymān al-Ǧūzǧānī

H/Ḥ/Ḫ

al-Ḥaddād, *siehe* Abū Bakr al-Ḥaddād

Al-Hādī ilā l-Ḥaqq Yaḥyā ibn al-Ḥusayn (gest. 298/911) ist ein medinensischer zayditischer Rechtsgelehrter und Imam der zayditisch-jemenitischen Dynastie. Er formte den jemenitischen Zweig der Zayditen, die als Hādawīya bekannt ist.

al-Ḫādimī, *siehe* Abū Saʿīd al-Ḫādimī

Ḥafṣ ibn Ġiyās (gest. 194/810) ist ein Schüler Abū Ḥanīfas, der in Bagdad und Kufa als Richter tätig war.

Ḥafṣa bint ʿUmar (gest. 45/665) ist die Tochter von ʿUmar ibn al-Ḫaṭṭāb (gest. 23/644) und eine der Frauen des Propheten Muḥammad. Das erste gesammelte Koranexemplar (*muṣḥaf*) hat sie zunächst aufbewahren dürfen, bevor es als Grundlage für weitere Abschriften benutzt wurde.

Ḥaǧǧāǧ ibn Muḥammad [al-Maṣṣīṣī], Abū Muḥammad (206/821) ist ein vertrauenswürdiger Hadithüberlieferer, der zuletzt in Bagdad wirkte. Zu seinen Lehrern gehört Ibn Ǧurayǧ (gest. 150/767).

Al-Ḥakam ibn ʿAmr al-Ġifārī (gest. 50/670 [?]) ist ein Prophetengefährte, der in Transoxanien als Gouverneur tätig war.

Al-Ḥakam ibn ʿUtayba (gest. 115/733) gehört zu den größeren kufischen Autoritäten der Nachfolgergeneration (*tābiʿūn*), der sich mit dem Recht und der Hadithüberlieferung befasste. Er gilt als ein vertrauenswürdiger Tradent.

Al-Ḥākim aš-Šahīd (gest. 334/945) ist ein berühmter hanafitischer Rechtsgelehrter in Zentralasien, der in Buchara als Richter tätig war. Er war auch als Hadithwissenschaftler bekannt. Unter den Samaniden wurde er sogar zum Wesir ernannt. Sein Werk *al-Kāfī* gilt als eine vertrauenswürdige Quelle, die Zugang zur *ẓāhir ar-riwāya* verschafft.

Hakkı Arslan (geb. 1983) ist ein muslimischer Theologe und Religionswissenschaftler, der seinen Forschungsschwerpunkt in den islamischen Rechtswissenschaften hat.

Hallaq, *siehe* Wael B. Hallaq

Ḫalīl ibn Isḥāq al-Ǧundī (gest. 776/1374) ist ein einflussreicher malikitischer Gelehrter aus Ägypten, der die malikitische Literatur mit seinem *Muḫtaṣar* maßgeblich beeinflusst hat. Es wurde vielfach kommentiert und gehört zu den wichtigsten Werken; es trägt daher auch den Titel ›das Buch‹ (*al-kitāb*).

al-Ḫallāl, *siehe* Abū Bakr al-Ḫallāl

al-Ḫamlīšī, *siehe* Aḥmad al-Ḫamlīšī

Ḥammād ibn Abī Sulaymān (gest. 120/738) ist ein kufischer Rechtsgelehrter, der bei Ibrāhīm an-Naḫaʿī (gest. 96/714) studierte und zu dessen einflussreichen Schülern zählte. Zu seinen eigenen bekanntesten Schülern gehört Abū Ḥanīfa (gest. 150/767). Ḥammād beeinflusste das Rechtsverständnis der kufischen und im Allgemeinen der irakischen Rechtsgelehrten.

Hans-Georg Ebert (geb. 1953) ist emeritierter Professor für Islamisches Recht am Orientalischen Institut der Universität Leipzig.

Harald Motzki (gest. 2019) ist ein deutscher Islamwissenschaftler. Er trug mit seinen Forschungen zu den muslimischen Überlieferungen in diversen islamischen Disziplinen wie Recht (z. B. seine Dissertation zum frühen islamischen Recht in Mekka), Hadith- und Geschichtswissenschaften dazu bei, die bestehenden Datierungsmethoden kritisch zu überprüfen. Diese Überprüfung ermöglichte es ihm, eine neue Methode vorzuschlagen: die *isnād-cum-matn*-Analyse.

Ḫāriǧa ibn Zayd (gest. 100/718–719) ist ein medinensischer Rechtsgelehrter, der zu den ›Sieben medinensischen Rechtsgelehrten‹ aus der Generation der Nachfolger (*tābiʿūn*) gehört.

al-Harrāsī, *siehe* Abū l-Ḥasan ʿAlī ibn Muḥammad al-Kiyā al-Harrāsī

Hartmut Bobzin (geb. 1946) ist ein Islamwissenschaftler, der seinen Forschungsschwerpunkt u. a. in der Koranforschung hat. Er fertigte eine deutsche Koranübersetzung an.

Hārūn ar-Rašīd (gest. 193/809) ist ein abbasidischer Kalif, der von 786 bis 809 regierte. Er ist durch sein Auftreten in den *Geschichten aus Tausendundeiner Nacht* bekannt. Er führte zum ersten Mal das Amt des Oberrichters (*qāḍī l-quḍāt*) ein und ernannte dazu den Hanafiten Abū Yūsuf (gest. 182/798).

Al-Ḥasan al-ʿAskarī (gest. 260/874) ist der elfte Imam der Zwölferschiiten.

Ḥasan al-Bannā (gest. 1949) ist der Gründer der Muslimbruderschaft in Ägypten. Er führte diese Bewegung an, die als islamistische Organisation verstanden wird.

Al-Ḥasan al-Baṣrī (gest. 110/728) ist ein berühmter Gelehrter, der sowohl zur Entwicklung des islamischen Rechts als auch der systematischen Theologie, der Koranexegese sowie des Sufismus beigetragen hat. Berühmt ist seine theologische Haltung, die die Willensfreiheit des Menschen betont.

Al-Ḥasan ibn ʿAlī (gest. 49/669) ist der Sohn ʿAlī ibn Abī Ṭālibs (gest. 40/661) und der zweite Imam der Zwölferschiiten.

Al-Ḥasan ibn Aʿyan al-Ḥarrānī (gest. 220/835) ist ein als vertrauenswürdig eingestufter Hadithtradent.

Al-Ḥasan ibn Yaḥyā (gest. 267/880–881) ist ein einflussreicher zayditischer Gelehrter, der die kufisch-zayditische Rechtsschule prägte und zu ihren Gründerfiguren gehörte.

Al-Ḥasan ibn Ziyād al-Luʾluʾī (gest. 204/819) wird zu den wichtigen Schülern Abū Ḥanīfas (gest. 150/767) gezählt. Für eine kurze Zeit war er als Richter in Kufa tätig, nahm jedoch davon Abstand, um wieder intensiv unterrichten zu können.

Ḥasan at-Turābī (gest. 2016) ist sudanesischer Gelehrter, der der Bewegung der Muslimbrüder angehörte.

Al-Ḥaṣkafī, ʿAlāʾ ad-Dīn Muḥammad ibn ʿAlī (gest. 1088/1677) ist ein hanafitischer Rechtsgelehrter aus Damaskus, der nach längeren Aufenthalten im Ausland in Damaskus an Medresen lehrte und auch Fatwas erteilte. Zeitweise war er auch als Richter tätig. Aus seiner Feder stammt das wichtige Werk *ad-Durr al-muḫtār*, ein Kommentar des *Tanwīr al-abṣār* zu den *furūʿ al-fiqh* von at-Timurtāšī (gest. 1006/1598).

Al-Ḫaṭīb al-Baġdādī, Abū Bakr Aḥmad ibn ʿAlī (gest. 463/1071) ist ein bekannter irakischer Hadithgelehrter und Historiker. Neben seinen zahlreichen Werken zu den Hadithwissenschaften ist sein Geschichtswerk *Tārīḫ Baġdād* wohlbekannt.

al-Ḥaṭṭāb, *siehe* Muḥammad al-Ḥaṭṭāb [ar-Ruʿaynī]

al-Ḫawlānī, *siehe* Abū Idrīs al-Ḫawlānī

Hayreddin Karaman (geb. 1934) ist ein türkisch-muslimischer Theologe, der sich im Bereich des islamischen Rechts spezialisiert hat und lange Zeit an der Marmara-Universität lehrte.

al-Haytamī, *siehe* Ibn Ḥaǧar al-Haytamī

al-Ḫiraqī, *siehe* Abū l-Qāsim al-Ḫiraqī

al-Ḫuḍarī Bek, *siehe* Muḥammad al-Ḫuḍarī Bek

al-Ḫūlī, *siehe* Amīn al-Ḫūlī

Ḫumaynī (Rūḥ Allāh [Ruhollah Chomeini], gest. 1989) ist ein iranischer Ayatollah innerhalb der zwölferschiitischen Tradition sowie der politische und religiöse Führer der Islamischen Revolution von 1979.

al-Ḫušanī, *siehe* Abū ʿAbdallāh Muḥammad al-Ḫušanī

Al-Ḥusayn ibn ʿAlī (gest. 61/680) ist der Sohn ʿAlī ibn Abī Ṭālibs (gest. 40/661) und der dritte Imam innerhalb der Zwölferschiiten. Seine brutale Ermordung, gemeinsam mit seiner Familie in Kerbela am 10. Muḥarram 61/10. Oktober 680, wirkte nachhaltig auf die schiitische Tradition, wozu jährlich Trauerfeiern veranstaltet werden.

I/ʿI

Ibn ʿAbbās, *siehe* ʿAbdallāh ibn ʿAbbās

Ibn ʿAbd al-Barr, *siehe* Abū ʿUmar Ibn ʿAbd al-Barr an-Namarī

Ibn ʿAbd aš-Šakūr al-Bihārī (gest. 1119/1707) ist ein indischer hanafitischer Rechtsgelehrter und Richter. Neben seiner Tätigkeit im Bereich der Rechtswissenschaften sind seine Studien zur Logik berühmt.

Ibn ʿAbd as-Salām, *siehe* ʿIzz ad-Dīn ibn ʿAbd as-Salām

Ibn ʿAbd al-Wahhāb, *siehe* Muḥammad ibn ʿAbd al-Wahhāb

Ibn ʿAbdūs (gest. 260/874) ist ein malikitischer Rechtsgelehrter aus Qayrawān und zugleich ein einflussreicher Schüler Saḥnūns (gest. 240/854). Sein Werk *al-Maǧmūʿa* gehört zu den Standardwerken unter den Mālikiten.

Ibn ʿĀbidīn, Muḥammad Amīn (gest. 1252/1836) zählt zu den einflussreichsten späthanafitischen Rechtsgelehrten. Bekannt ist sein Superkommentar (*ḥāšiya*) *Radd al-muḥtār ʿalā d-Durr al-muḫtār* zum *ad-Durr al-muḫtār,* einem bekannten hanafitischen Rechtswerk von ʿAlāʾ ad-Dīn al-Ḥaṣkafī (gest. 1088/1677). Dieses Werk ist wiederum ein Kommentar des *Tanwīr al-abṣār wa-ǧāmiʿ al-biḥār* von at-Timurtāšī (gest. 1006/1598).

Ibn Abī ʿArūba, Abū n-Naḍr Saʿīd (gest. 156/773) war ein Hadithwissenschaftler, der hauptsächlich in Basra wirkte. Er trug Hadithe, die sowohl mündlich als auch schriftlich im Umlauf waren, zusammen und ordnete sie nach Themen. Er ist ebenfalls als ein einflussreicher basrischer Rechtsgelehrter bekannt.

Ibn Abī Laylā, Muḥammad ibn ʿAbd ar-Raḥmān (gest. 148/765) ist ein berühmter kufischer Richter, der als eigenständiger Mudschtahid bekannt ist. Ihm wird eine Rechtsschule zugeschrieben, die nicht lange bestehen konnte. Er war auch als umstrittener Hadithwissenschaftler bekannt. Über seine Urteile diskutierte Abū Ḥanīfa (gest. 150/767) in seinem Unterricht mit seinen Schülern.

Ibn Abī Šayba, Abū Bakr ʿAbdallāh ibn Muḥammad (gest. 235/849) ist ein Hadithwissenschaftler und Geschichtsschreiber aus Kufa, der zu den bekanntesten seiner Zeit gehört. Sein Überlieferungswerk des Typs *muṣannaf* umfasst neben prophetischen Überlieferungen auch die Aussagen und Fatwas von Prophetengefährt:innen und der Nachfolgergeneration.

Ibn Abī Ṭalḥa, Abū l-Ḥasan ʿAlī (gest. 143/760) ist einer der bekanntesten Gelehrten aus der Generation der *tabaʿ at-tābiʿīn* und mit seinem Wirken in den Koran- und Hadithwissenschaften. Seine Überlieferungen von Ibn ʿAbbās (gest. 68/687–688) sind *mursal*; er überspringt also seinen Tradenten, der die Verbindung zu Ibn ʿAbbās ist. Dennoch gilt er als vertrauenswürdig. Ihm wird ein kurzes Werk (*ṣaḥīfa*) zugeschrieben, das koranexegetisches Material von Ibn ʿAbbās beinhalten soll.

Ibn Abī Zayd al-Qayrawānī, Abū Muḥammad ʿAbdallāh (gest. 386/996) ist ein einflussreicher malikitischer Rechtsgelehrter aus Qayrawān. Sein Werk *ar-Risāla* gehört zur malikitischen Standardliteratur und wurde von vielen kommentiert.

Ibn al-Akfānī (gest. 749/1348) ist ein Gelehrter aus der Nähe von Mosul, der sich mit diversen Wissenschaften, darunter der Philosophie, Medizin und Mineralogie beschäftigt hat.

Ibn Amīr Ḥāǧǧ, Abū ʿAbdallāh Šams ad-Dīn (gest. 879/1474) ist ein hanafitischer Rechtsgelehrter und Koranexeget aus Aleppo. Er studierte u. a. in Kairo, lehrte in Mekka, wanderte nach Jerusalem aus und kehrte schließlich nach Aleppo zurück, wo er bis zum Ende seines Lebens residierte.

Ibn ʿAqīl, *siehe* Abū l-Wafāʾ Ibn ʿAqīl

Ibn al-ʿArabī, *siehe* Abū Bakr Ibn al-ʿArabī

Ibn ʿArabī, *siehe* Muḥyī ad-Dīn Ibn ʿArabī

Ibn ʿAskar, *siehe* Šihāb ad-Dīn ʿAbd ar-Raḥmān ibn Muḥammad Ibn ʿAskar al-Baġdādī

Ibn ʿĀšūr, *siehe* aṭ-Ṭāhir Ibn ʿĀšūr

Ibn Bābawayh al-Qummī (gest. 381/991), bekannt als **Šayḫ Ṣadūq**, gehört zu den einflussreichsten imamitisch-schiitischen Gelehrten. Er war skeptisch gegenüber den mutazilitischen Einflüssen auf die Schiiten und daher auch skeptisch gegenüber streng rationalistischen Zugängen. Sein bekanntestes Buch ist seine Überlieferungskompilation, die wie die *sunan*-Werke unter den Sunniten nach den Kapiteln in Rechtswerken aufgebaut ist.

Ibn Baraka [as-Salīmī] al-Bahlawī (gest. spätes 4./10.Jahrhundert) ist ein ibaditischer Rechtsgelehrter, der durch seine Arbeiten zur Systematisierung des ibaditischen Rechts beitrug.

Ibn Daqīq al-ʿĪd, Abū l-Fatḥ Taqī ad-Dīn Muḥammad ibn ʿAlī (gest. 702/1302) ist ein ägyptischer Rechtsgelehrter und Hadithwissenschaftler. Er studierte sowohl malikitisches als auch schafiitisches Recht und konnte nach beiden Rechtsschulen Fatwas erteilen. Er lehrte hauptsächlich an Medresen und war auch, mit Unterbrechungen, als Richter tätig.

Ibn Dāwūd aẓ-Ẓāhirī, *siehe* Abū Bakr Muḥammad Ibn Dāwūd aẓ-Ẓāhirī

Ibn al-Faraḍī, Abū l-Walīd ʿAbdallāh ibn Muḥammad (gest. 403/1013) ist ein andalusisch-malikitischer Gelehrter aus Córdoba. Zu seinen Schülern gehören der einflussreiche Malikit Ibn ʿAbd al-Barr (gest. 463/1071) und der Zahirit Ibn Ḥazm (gest. 456/1064). Er war u. a. in Valencia als Richter tätig. Bekannt ist sein biographisches Werk zu malikitischen Gelehrten.

Ibn Farḥūn, *siehe* Burhān ad-Dīn Ibn Farḥūn

Ibn al-Faṣīḥ, Abū Ṭālib Faḫr ad-Dīn Aḥmad ibn ʿAlī (gest. 755/1354) ist ein hanafitischer Rechtsgelehrter aus Kufa. Er war tätig als Lehrer an Medresen in verschiedenen Orten. Er hat das Werk *Kanz*

ad-daqāʾiq von Abū l-Barakāt an-Nasafī (gest. 710/1310) in Gedichtform zusammengefasst sowie sein Werk *Manār al-anwār.*

Ibn Fūrak, Abū Bakr Muḥammad ibn al-Ḥasan (gest. 406/1015) ist ein ascharitisch-schafiitischer Theologe aus Isfahan, der maßgeblich dazu beitrug, das ascharitische Gedankengut zu systematisieren. Ibn Fūrak studierte bei Studenten Abū l-Ḥasan al-Ašʿārīs (gest. 324/935), dem Gründer der Aschariten.

Ibn Ǧamāʿa, *siehe* Badr ad-Dīn ibn Ǧamāʿa

Ibn Ǧarīr aṭ-Ṭabarī, *siehe* Muḥammad ibn Ǧarīr aṭ-Ṭabarī

Ibn al-Ǧawzī, *siehe* Abū l-Faraǧ Ibn al-Ǧawzī

Ibn Ǧinnī, Abū l-Fatḥ ʿUṯmān (gest. 392/1002) ist ein Sprachwissenschaftler und Literat aus Mosul. Sein Werk *al-Lumaʿ fī l-ʿarabīya* zur arabischen Grammatik genoss besondere Aufmerksamkeit und wurde oft kommentiert.

Ibn Ǧurayǧ, Abū l-Walīd ʿAbd al-Malik ibn ʿAbd al-ʿAzīz (gest. 150/767) ist ein bekannter Gelehrter aus der Generation der Nachfolger (*tābiʿūn*). Er ist traditionalistisch orientiert und befasste sich mit der Koranexegese, der Hadithtradierung sowie mit dem islamischen Recht.

Ibn Ǧuzayy al-Ġarnāṭī, Abū l-Qāsim Muḥammad ibn Aḥmad (gest. 741/1340) ist ein andalusisch-malikitischer Gelehrter aus Granada, der sich neben dem islamischen Recht auch mit der Koranexegese und den Koranlesarten befasste. Er fiel auf dem Schlachtfeld im Krieg gegen die spanisch-portugiesischen Truppen.

Ibn Ḥabīb as-Sulamī, Abū Marwān ʿAbd al-Malik (gest. 238/853) ist ein andalusisch-malikitischer Rechtsgelehrter. Durch seine Arbeiten trug er zur Systematisierung und Etablierung der malikitischen Rechtsschule entschieden bei und fand auch eigene Wege innerhalb der malikitischen Rechtsschule. Er beriet lange Zeit die aktiven Richter in Córdoba und bildete viele Schüler aus. Sein Einfluss war auch im Bereich der Hadithwissenschaften in Andalusien nachhaltig.

Ibn Ḥaǧar al-ʿAsqalānī, Abū l-Faḍl Šihāb ad-Dīn (gest. 852/1449) ist ein berühmter Hadithwissenschaftler aus Ägypten, der insbesondere durch seinen Hadithkommentar zu Muḥammad ibn Ismāʿīl al-Buḫārīs (gest. 256/870) *Ṣaḥīḥ* und seine Arbeiten zur Hadithmethodologie bekannt ist. Er gehört zur schafiitischen Rechtsschule, erteilte nach ihr Fatwas und war auch als Richter und als Oberrichter tätig. Ibn Ḥaǧar bildete viele Schüler aus, die später nicht nur schafiitische, sondern auch als hanafitische Gelehrte tätig waren.

Ibn Ḥaǧar al-Haytamī, Abū l-ʿAbbās Šihāb ad-Dīn Aḥmad (gest. 974/1567) ist ein vielseitiger schafiitischer Rechtsgelehrter aus Ägypten. Den Großteil seines Lebens verbrachte er in Mekka. Dort lehrte er das schafiitische Recht und erteilte nach diesem Fatwas. Seine Fatwas wurden an verschiedenen Orten rezipiert. Al-Haytamīs Meinungen verhalfen schafiitischen Gelehrten dazu, eine Entscheidung unter konkurrierenden schafiitischen Rechtsmeinungen zu treffen.

Ibn al-Ḥāǧib, Abū ʿAmr Ǧamāl ad-Dīn (gest. 646/1249) ist ein malikitischer Rechtsgelehrter aus Ägypten, der auch mit seinen Arbeiten zur arabischen Grammatik bekannt ist. Er lehrte in Kairo, hielt sich aber auch eine Zeit lang in Damaskus auf. Nach seiner Rückkehr nach Kairo nahm er seine Lehrtätigkeit wieder auf. Seine Werke zum praktischen Recht und zur Rechtsmethodik wurden in malikitischen Kreisen stark rezipiert. Er selbst ist von der schafiitischen Rechtsmethodik, insbesondere von Sayf ad-Dīn al-Āmidī (gest. 631/1233), beeinflusst.

Ibn Ḫaldūn, Abū Zayd Walī ad-Dīn ʿAbd ar-Raḥmān (gest. 808/1406) ist ein einflussreicher Geschichtsschreiber und Politiker aus Tunesien. Seine Arbeiten werden oft dem soziologischen Bereich zugeordnet, daher wird er als Vordenker der Soziologie verstanden.

Ibn Ḥāmid, Abū ʿAbdallāh Ḥasan (gest. 403/1012) ist ein hanbalitischer Gelehrter aus Bagdad. Einer seiner bekanntesten Schüler ist der einflussreiche hanbalitische Gelehrte Abū Yaʿlā al-Farrāʾ (gest. 458/1066). Ibn Ḥāmid war bekannt für seine asketische und fromme Lebensführung.

Ibn Ḥanbal, *siehe* Aḥmad ibn Ḥanbal

Ibn Ḥāriṯ, *siehe* Abū ʿAbdallāh Muḥammad al-Ḫušanī

Ibn al-Hayṯam, Abū ʿAlī Muḥammad ibn al-Ḥasan (gest. 432/1040) ist ein vielseitiger einflussreicher Gelehrter, der sich mit der Optik, Astronomie, Mathematik, Philosophie und Physik befasst hat. Berühmt sind seine Errungenschaften in der Optik.

Ibn Ḥazm, Abū Muḥammad ʿAlī ibn Aḥmad (gest. 456/1064) ist wahrscheinlich die berühmteste zahiritische Figur. Er ist ein andalusischer vielseitiger Gelehrter, der die Malikiten in Andalusien durch seine rechtlichen Schriften herausgefordert hat. Seine Schriften, die uns heute vorliegen, lassen zahiritische Meinungen rekonstruieren.

Ibn Ḥibbān al-Bustī (gest. 354/965) ist ein Hadithwissenschaftler und Rechtsgelehrter aus Siǧistān. Er studierte diverse Wissenschaften in wichtigen Zentren des islamischen Herrschaftsgebiets. Er war an verschiedenen Orten wie Samarqand als Richter tätig und unterrichtete Hadith und Recht. Viele seiner Werke sind im Bereich der Hadithwissenschaften angesiedelt, wie etwa Überliefererkritik und Hadithkompilation.

Ibn al-Humām, Kamāl ad-Dīn Muḥammad ibn ʿAbd al-Wāḥid (gest. 861/1457) ist ein hanafitischer Rechtsgelehrter aus Alexandria. Er studierte lange Zeit in Kairo. An unterschiedlichen Medresen wurde er als Lehrer ernannt; eine Zeit lang war er ein Sufi-Meister in einem Orden, von dem er sich später trennte. Zu seinen bekannten Schülern gehören Ibn Quṭlūbuġā (gest. 879/1474) und Ibn Amīr Ḥāǧǧ (gest. 879/1474). Sein Kommentar *Fatḥ al-qadīr* des Werkes *al-Hidāya* von al-Marġīnānī (gest. 593/1197) genießt hohes Ansehen.

Ibn Ḥumayd, Muḥammad ibn ʿAbdallāh (gest. 1295/1878) ist ein hanbalitischer Rechtsgelehrter und Biograph, der Zeit seines Lebens in Mekka verbrachte, dort lehrte und im offiziellen Amt Fatwas erteilte.

Ibn Ḫuzayma, *siehe* Muḥammad Ibn Ḫuzayma an-Nīsābūrī

Ibn Kamāl Bāšā, *siehe* Kamālpaşazādeh

Ibn al-Laḥḥām, Abū l-Ḥasan ʿAlāʾ ad-Dīn ʿAlī (gest. 803/1401) ist ein hanbalitischer Rechtsgelehrter aus Damaskus, der insbesondere durch sein Werk zu den Rechtsprinzipien berühmt ist.

Ibn Lubāba, Abū ʿAbdallāh Muḥammad (gest. 330/942) ist ein andalusisch-malikitischer Rechtsgelehrter. Er war Richter in Elvira und Córdoba. Sein Werk *al-Muntaḫab* genießt eine große Autorität unter den Malikiten. Es wird berichtet, dass er selbstständig Normen herleitete.

Ibn Māǧa, *siehe* Abū ʿAbdallāh Ibn Māǧa

Ibn al-Māǧišūn, Abū Marwān ʿAbd al-Malik (gest. 212/827) gehört zu den wichtigsten Schülern von Mālik ibn Anas (gest. 179/795). Sein Vater war ebenfalls ein bedeutender Gelehrter und unter demselben Namen, Ibn al-Māǧišūn, bekannt, was nicht selten für Verwirrung sorgt. In den Hadithwissenschaften wird er milde kritisiert. Seine Meinungen werden in den wichtigsten malikitischen Werken, insbesondere im *al-Wāḍiḥa* des einflussreichen andalusisch malikitischen Gelehrten Ibn Ḥabīb as-Sulamī (gest. 238/853), rezipiert.

Ibn al-Malāḥimī, *siehe* Rukn ad-Dīn Ibn al-Malāḥimī

Ibn Marzūq al-Ḥafīd, Abū ʿAbdallāh Muḥammad (gest. 842/1439) ist ein malikitischer Rechtsgelehrter aus Tlemcen. Ihn unterscheiden wir mit dem Beinamen al-Ḥafīd, ›der Enkel‹, von seinem ebenfalls berühmten Großvater Ibn Marzūq al-Ḫaṭīb (gest. 781/1379). Beide waren einflussreiche Malikiten. Ibn Marzūq al-Ḥafīd unterrichtete neben malikitischer Literatur auch Texte aus anderen Rechtsschulen.

Ibn Marzūq al-Ḫaṭīb, Abū ʿAbdallāh Muḥammad (gest. 781/1379) ist ein malikitischer Rechtsgelehrter, Hadithwissenschaftler und Prediger (*ḫaṭīb*) aus Tlemcen. Er ist der Großvater von Ibn Marzūq al-Ḥafīd (gest. 842/1439). Zu seinen berühmten Schülern gehört Abū Isḥāq Ibrāhīm ibn Mūsā aš-Šāṭibī (gest. 790/1388).

Ibn Masʿūd, *siehe* ʿAbdallāh ibn Masʿūd

Ibn al-Mawwāz (gest. 269/883) ist ein ägyptisch-malikitischer Rechtsgelehrter. Er gehört zu den Malikiten, die die malikitische Literatur systematisierten und zur Etablierung beitrugen. Sein Werk *al-Mawwāzīya* gehört zur Standardliteratur der Malikiten.

Ibn al-Mibrad, Abū l-Maḥāsin Ǧamāl ad-Dīn Yūsuf (gest. 909/1503) ist ein hanbalitischer Rechtsgelehrter aus Damaskus. Er gehört zur einflussreichen Familie Qudāma. Ibn al-Mibrad war hauptsächlich als Lehrer tätig. Zudem war er als Sufi bekannt.

Ibn Miskawayh (gest. 421/1030) ist ein muslimischer (schiitischer) Philosoph und Historiker, der besonders für sein Werk zur Ethik (*aḫlāq*) bekannt ist.

Ibn Muʿaḏḏal, *siehe* Abū l-ʿAbbās Aḥmad Ibn Muʿaḏḏal

Ibn Mufliḥ, Abū Isḥāq Burhān ad-Dīn Ibrāhīm (gest. 884/1479) ist ein hanbalitischer Rechtsgelehrter und Biograph aus Damaskus. Er hat an verschiedenen Medresen gelehrt. Zu seinen Schülern gehört Ibn al-Mibrad (gest. 909/1503). In Damaskus war er zu verschiedenen Zeiten als Richter tätig.

Ibn al-Muġallis, Abū l-Ḥasan ʿAbdallāh ibn Aḥmad (gest. 324/936) ist ein zahiritischer Rechtsgelehrter aus Bagdad. Er studierte bei Ibn Dāwūd aẓ-Ẓāhirī (gest. 297/910). Er trug entschieden dazu bei, die zahiritische Rechtsschule in Bagdad bekannt zu machen.

Ibn al-Munḏir an-Nīsābūrī, Abū Bakr Muḥammad ibn Ibrāhīm (gest. 318/930) ist ein unabhängiger Rechtsgelehrter, nach dem eine Rechtsschule, die Munḏirīya benannt worden ist. Er studierte in Ägypten und ließ sich in Mekka nieder. Er gilt als guter Kenner der Meinungen von unterschiedlichen Rechtsschulen. In einigen biographischen Werken wird er als Schafiit angeführt. Der Grund dafür ist möglicherweise, dass seine Methodik der der Schafiiten stark ähnelte.

Ibn al-Muqaffaʿ, Abū Muḥammad ʿAbdallāh (gest. 139/756) ist ein iranischstämmiger Autor, Literat und Übersetzer von indischen und persischen Werken. Er wirkte in Kufa, Basra und später, mit der Gründung der Stadt, in Bagdad.

Ibn al-Murtaḍā, *siehe* al-Mahdī li-Dīn Allāh Aḥmad ibn Yaḥyā

Ibn al-Muṭahhar al-Ḥillī, Ǧamāl ad-Dīn al-Ḥasan ibn Yūsuf (gest. 726/1325) ist ein imamitischer Rechtsgelehrter aus Irak. Sein Onkel ist der berühmte schiitische Gelehrte al-Muḥaqqiq al-Ḥillī (gest. 676/1277), bei dem er auch studierte. Zu seinen Lehrern gehört auch der berühmte schiitische Philosoph Naṣīr ad-Dīn aṭ-Ṭūsī (gest. 672/1274). Er wirkte zunächst in Bagdad, dann unter den Ilchaniden im Iran, in Sulṭānīya. Seine letzten Jahre verbrachte er in seiner Heimat. Al-Ḥillī gehörte der rationalistischen *uṣūlī*-Tradition der Schiiten an und war auch ein versierter Gelehrter im Bereich der systematischen Theologie.

Ibn Nuǧaym, *siehe* Zayn ad-Dīn Ibn Nuǧaym

Ibn al-Qābisī, Abū l-Ḥasan ʿAlī ibn Muḥammad (gest. 403/1012) ist ein malikitischer Rechtsgelehrter aus Qayrawān, der zunächst Koranexegese und -wissenschaften lehrte, dann auch seine Lehrtätigkeit auf Hadith und Recht ausweitete. Zu seiner Zeit galt er als eine Autorität unter den Malikiten. Bekannt ist sein bildungstheoretisches Konzept.

Al-Qāḍī Ismāʿīl [ibn Isḥāq] (gest. 282/896) ist ein malikitischer Rechtsgelehrter aus Basra, der sich in Bagdad niederließ, wo er auch als Richter tätig war. Sein Werk *al-Mabsūṭ* gehört zur Standardliteratur der Malikiten und war im Irak sehr verbreitet.

Ibn al-Qāsim (gest. 191/806) gehört zu den wichtigsten Schülern von Mālik ibn Anas (gest. 179/795). Obwohl er von traditionalistisch orientierten Lehrern ausgebildet wurde, gehörte er den Rationalisten an. Viele Meinungen Māliks werden über ihn rekonstruiert. Ferner werden seine Herleitungen in Anlehnung an Māliks Positionen für die Malikiten als maßgeblich erachtet. In Saḥnūns (gest. 240/854) *al-Mudawwana* lassen sich viele seiner Meinungen finden.

Ibn al-Qāṣṣ, Abū l-ʿAbbās Aḥmad ibn Abī Aḥmad (gest. 335/946) ist ein schafiitischer Gelehrter aus Ṭabaristān, der bei Ibn Surayǧ (gest. 306/918) schafiitisches Recht studierte. Er war in Tarsus in der heutigen Türkei als Richter tätig und galt als eine wichtige schafiitische Persönlichkeit seiner Zeit, da er nach schafiitischem Recht die Kompetenz hatte, auch selbstständig Normen herzuleiten. Auf seine Meinungen rekurrieren viele spätere schafiitische Quellen.

Ibn al-Qaṣṣār, Abū l-Ḥasan ʿAlī ibn ʿUmar (gest. 397/1007) ist ein irakisch-malikitischer Rechtsgelehrter, der zugleich in Bagdad als Richter tätig war. Er ist bekannt dafür, dass er ein umfangreiches Rechtswerk geschrieben hat, in dem er die Meinungen der unterschiedlichen Rechtsschulen gegenüberstellt und die malikitische Meinung verteidigt (sog. *ḫilāf*-Werk; der Titel lautet *ʿUyūn al-adilla fī masāʾil al-ḫilāf bayna fuqahāʾ al-amṣār*). Zu diesem Werk schrieb er eine rechtsmethodische Einleitung, die als *uṣūl*-Werk gesondert ediert wurde.

Ibn Qayyim al-Ǧawzīya, Abū ʿAbdallāh Šams ad-Dīn Muḥammad (gest. 751/1350) ist ein vielseitiger hanbalitischer Gelehrter aus Damaskus. Er ist der bekannte Schüler von Ibn Taymīya (gest. 728/1328). Später lehrte er selbst an einer Medrese. Obwohl er der hanbalitischen Rechtsschule zugehörte, bewegte er sich auf einer eher salafitischen Linie wie sein Lehrer Ibn Taymīya, von dem er stark beeinflusst war. Das heißt nicht, dass er ein starres Rechtsverständnis hatte. Er erlaubte sowohl aus methodischer als auch aus rechtspraktischer Hinsicht Zugänge, die das Islamrechtsverständnis dynamisch ausgestalten ließen.

Ibn Qudāma, *siehe* Abū l-Faraǧ Ibn Qudāma, Muwaffaq ad-Dīn Ibn Qudāma

Ibn Quṭlubūġā, Abū l-ʿAdl Zayn ad-Dīn Qāsim (gest. 879/1474) ist ein hanafitischer Rechtsgelehrter aus Ägypten, der auch als Hadithwissenschaftler bekannt ist. Er studierte u. a. bei Ibn Ḥaǧar al-ʿAsqalānī (gest. 852/1449). Sein Rechtsverständnis prägte sein hanafitischer Lehrer Ibn al-Humām (gest. 861/1457). Offizielle Positionen als Lehrer an Medresen hatte er nur zeitweise inne; die meiste Zeit seines Lebens lebte er als ein bescheidener Sufi. Neben vielen Schriften zum Bereich der Hadith- und Rechtswissenschaften sticht auch sein hanafitisches Biographiewerk hervor.

Ibn Raǧab, Abū l-Faraǧ Zayn ad-Dīn ʿAbd ar-Raḥmān ibn Aḥmad (gest. 795/1393) ist ein hanbalitischer Rechtsgelehrter aus Bagdad, der sich nach mehreren Reisen in Damaskus niederließ. Er befasste sich auch mit anderen Disziplinen wie Koranexegese und Hadithwissenschaften. Sein besonderes Verdienst für das islamische Recht liegt in seinem Werk zu den Rechtsprinzipien und zu den Biographien hanbalitischer Gelehrter. Letzteres ist eine Erweiterung des biographischen Werks von Abū Yaʿlā (gest. 458/1066).

Ibn Rāhawayh, *siehe* Isḥāq ibn Ibrāhīm al-Ḥanẓalī

Ibn Rušd al-Ǧadd, Abū l-Walīd Muḥammad ibn Aḥmad (gest. 520/1126) ist der Großvater des bekannten Philosophen Ibn Rušd (gest. 595/1198). Er war über lange Zeit Richter von Córdoba. Seine Kommentare früherer Werke, welche die Standardliteratur der Malikiten ausmachten, wurden viel stärker rezipiert als die kommentierten Originale. Er gehört zu den Gelehrten, die eine Konzentration auf die *uṣūl al-fiqh* forderten.

Ibn Rušd al-Ḥafīd, Abū l-Walīd Muḥammad ibn Aḥmad (latein. Averroes, gest. 595/1198) ist ein andalusisch-malikitischer Rechtsgelehrter, Richter, Mediziner und vor allem Philosoph. Sein rechtsvergleichendes Werk *Bidāyat al-muǧtahid* zeigt seine Expertise im islamischen Recht, wie auch seine Zusammenfassung des *uṣūl*-Werks von al-Ġazālī (gest. 505/1111).

Ibn as-Sāʿātī, Abū l-ʿAbbās Muẓaffar ad-Dīn Aḥmad ibn ʿAlī (gest. 694/1295) ist ein hanafitischer Rechtsgelehrter aus der Nähe Bagdads. Er studierte u. a. in Bagdad beim einflussreichen Hanafiten Abū l-Barakāt an-Nasafī (gest. 710/1310) und lehrte später selbst an Medresen.

Ibn Saḥnūn, Abū ʿAbdallāh Muḥammad (gest. 256/870) ist ein malikitischer Rechtsgelehrter aus Qayrawān, der sich mit Bildungskonzepten befasst hat. Er ist der Sohn des berühmten malikitischen Gelehrten Saḥnūn (gest. 240/854).

Ibn aṣ-Ṣalāḥ [aš-Šahrazūrī], Abū ʿAmr Taqī ad-Dīn ʿUṯmān (gest. 643/1245) ist ein schafiitischer Rechtsgelehrter und Hadithwissenschaftler. Er war zunächst in Jerusalem als Lehrer tätig, zog danach nach Damaskus und lehrte dort, insbesondere im als Ašrafīya bekannten *dār al-ḥadīṯ*. Besonders bekannt ist sein Werk zur Methodik der Hadithwissenschaft, das *Muqaddima* bzw. *ʿUlūm al-ḥadīṯ*.

Ibn Sīd al-Baṭalyawsī, Abū Muḥammad ʿAbdallāh ibn Muḥammad (gest. 521/1127) ist ein andalusischer Gelehrter, der sich vornehmlich mit den Literaturwissenschaften befasste. Er schrieb ein Werk zur Meinungsverschiedenheit der Gelehrten im weitesten Sinne.

Ibn Šihāb az-Zuhrī, Abū Bakr Muḥammad ibn Muslim (gest. 124/742) gehört der Nachfolgergeneration (*tābiʿūn*) an und ist der Erste, der das Hadithmaterial auf Antrag des umayyadischen Kalifen ʿUmar ibn ʿAbd al-ʿAzīz (reg. 717–720) systematisch zusammentrug. Diese Bestrebung wird ›Hadithkodifikation‹ (*tadwīn*) genannt.

Ibn Sīnā, Abū ʿAlī al-Ḥusayn ibn ʿAbdallāh (gest. 428/1037) ist einer der bekanntesten und einflussreichsten muslimischen Philosophen und Ärzte bzw. Mediziner. Er ist auch bekannt unter dem latinisierten Namen Avicenna.

Ibn Sīrīn, *siehe* Muḥammad ibn Sīrīn

Ibn Šubruma, Abū Šubruma ʿAbdallāh (gest. 144/761) zählt zur Generation von Rechtsgelehrten, die eher der rationalistisch-irakischen Tradition angehörten. Er übernahm in Kufa das Amt des Richters. Es wird berichtet, dass er die soziale Realität bei der Herleitung von Normen besonders berücksichtigt haben soll.

Ibn Surayǧ, Abū l-ʿAbbās Aḥmad ibn ʿUmar (gest. 306/918) gehört zu den ersten schafiitischen Richtern und Gelehrten, die die schafiitische Rechtslehre im Irak etablierten. Er hatte die Kompetenz, selbstständig Normen herzuleiten. Einige seiner Ansichten ähneln der hanafitischen Lehre, viele sind jedoch Einzelmeinungen, die sich in der schafiitischen Literatur als solche gehalten haben.

Ibn Taymīya, *siehe* Faḫr ad-Dīn Ibn Taymīya; *siehe* Taqī ad-Dīn Ibn Taymīya

Ibn ʿUmar, *siehe* ʿAbdallāh ibn ʿUmar

Ibn Wahb, Abū Muḥammad ʿAbdallāh (gest. 197/813) ist einer der bekanntesten ägyptischen Schüler von Mālik ibn Anas (gest. 179/795). Es wird berichtet, dass er ein asketisches Lebensideal hatte, sich aktiv am Dschihad beteiligte und auf das Richteramt verzichtete. Er beschäftigte sich neben dem Recht auch mit Hadithtradierung und Koranexegese.

Ibn al-Wakīl, Abū ʿAbdallāh Ṣadr ad-Dīn Muḥammad ibn ʿUmar (gest. 716/1317) ist ein schafiitischer Rechtsgelehrter, der zu den führenden Gelehrten seiner Zeit gehörte, weshalb er auch an vielen Medresen lehren durfte. Er führte mehrere Debatten mit Taqī ad-Dīn Ibn Taymīya und bewies sich als ein in verschiedenen Disziplinen bewanderter Gelehrter. Seine Expertise befand sich aber eher im islamischen Recht. Bekannt ist sein Werk *al-Ašbāh wa-n-naẓāʾir* zu den Rechtsprinzipien, das zu den ersten seiner Art gehört. Vervollständigt wurde dieses Werk von seinem Neffen Zayn ad-Dīn Ibn al-Wakīl (gest. 738/1338).

Ibn al-Wakīl, Zayn ad-Dīn Muḥammad ibn ʿAbdallāh (gest. 738/1338), Neffe Abū ʿAbdallāh Ṣadr ad-Dīn Ibn al-Wakīls (gest. 716/1317), ist ein schafiitischer Gelehrter aus Damaskus. Er studierte in Damaskus und Kairo, vervollständigte u. a. das Werk *al-Ašbāh wa-l-naẓāʾir* von Ṣadr ad-Dīn Ibn al-Wakīl und befasste sich auch mit den *uṣūl al-fiqh*.

Ibn al-Wazzān (gest. 534/1148) ist Schüler des berühmten malikitischen Gelehrten Ibn Rušd al-Ǧadd (gest. 520/1126). Er hat viele Fatwas von Ibn Rušd zu einem eigenständigen Werk zusammengetragen.

Ibn Yūnus aṣ-Ṣiqillī (gest. 451/1059) ist ein malikitischer Rechtsgelehrter aus Sizilien, der nach seinem grundständigen Studium nach Qayrawān ging und dort seine Studien vertiefte. Seine Werke wurden innerhalb der Malikiten stark rezipiert.

Ibrāhīm an-Naḫaʿī (gest. 96/714) ist einer der einflussreichsten Rechtsgelehrten im Irak, die die irakische Rechtstradition geformt haben. Seine rationalistische Haltung konnte dort Fuß fassen. Seine

Meinungen können in hanafitischen wie malikitischen Werken rekonstruiert werden, so auch in umfangreichen Überlieferungswerken der Kategorie *al-muṣannaf*. Es wird berichtet, dass er wegen des Studiums bei Schülern des Prophetengefährten Ibn Masʿūd (gest. 32/652–53) dessen Tradition folgte.

Ibrāhīm ibn Zibriqān at-Taymī (gest. 183/799) ist ein zayditischer Gelehrter, der Schüler von Abū Ḫālid ʿAmr ibn al-Ḫālid al-Wāsiṭī (gest. nach 145/762) ist. Dieser wiederum ist Schüler Zayd ibn ʿAlīs (gest. 122/740). At-Taymī war maßgeblich daran beteiligt, dass das Werk *al-Maǧmūʿ*, das auf Zayd zurückgeführt wird, entsandt wurde und so erhalten blieb.

Ignaz Goldziher (gest. 1921) ist ein jüdischstämmiger ungarischer Orientalist, der mit seiner Forschung dazu verhalf, dass sich die Disziplin Islamwissenschaft aus der Orientalistik herausbilden konnte. Seine Forschung im Bereich der Hadithwissenschaften beeinflusste die islamwissenschaftliche Forschung nachhaltig.

ʿIkrima (gest. 105/723) ist einer der berühmten Schüler von ʿAbdallāh Ibn ʿAbbās (gest. 68/687–688). Seine koranexegetischen Ansichten werden in den meisten Koranexegesen wiedergegeben.

ʿIlīš, *siehe* Muḥammad ʿIlīš

ʿIsā ibn Abān (gest. 221/836) ist ein Schüler von Muḥammad ibn al-Ḥasan aš-Šaybānī (gest. 189/805) und ein irakischer Richter in Basra. Es wird angenommen, dass er der theologischen Tradition der Mutaziliten folgte. Nach anderen Meinungen folgte er der Murdschia. Seine Ansichten werden insbesondere in der *uṣūl al-fiqh*-Literatur zitiert; sie kommen auch reichlich in den *furūʿ al-fiqh* vor.

Isabella von Kastilien (gest. 1504) war von 1474 bis 1504 Königin von Kastilien und León sowie von 1479 bis 1504 Königin von Aragón. Sie trug maßgeblich zur Vertreibung und Verfolgung von Muslim:innen und Jüd:innen aus Andalusien bei.

Isḥāq ibn Ibrāhīm al-Ḥanẓalī (gest. 238/853), bekannt als **Ibn Rāhwayh**, ist ein Rechts- und Hadithgelehrter sowie ein Koranexeget. Von ihm tradierten u. a. die Verfasser der kanonischen Hadithwerke der Sunniten. Er gilt ferner als Autorität in der Wissenschaft der Tradentenkritik. Die Quellen erwähnen, dass er der schafiitischen oder hanbalitischen Rechtsschule angehörte, doch sehen wir auch, dass er ein unabhängiger Rechtsgelehrter gewesen sein soll. Seine Rechtsschule wird gelegentlich als Rāhwīya bezeichnet.

Ismāʿīl ibn Ǧaʿfar aṣ-Ṣādiq (gest. 138/755–756) ist der ältere Sohn von Ǧaʿfar aṣ-Ṣādiq (gest. 148/765), auf den sich die ismailitisch-schiitische Tradition beruft. Er gilt für die Ismailiten als siebter Imam. Für die Zwölferschiiten ist der jüngere Sohn Ǧaʿfar aṣ-Ṣādiqs, Mūsā al-Kāẓim (gest. 183/799), der siebte rechtmäßige Imam.

Ismāʿīl ibn Ḥammād, Abū ʿAbdallāh (gest. 212/827) ist ein hanafitischer Rechtsgelehrter und Richter aus Kufa. Sein Großvater ist Abū Ḥanīfa (gest. 150/767), der Gründer der hanafitischen Rechtsschule. Er studierte u. a. bei seinem Vater und bei Muḥammad ibn al-Ḥasan aš-Šaybānī (gest. 189/805) sowie al-Ḥasan ibn Ziyād (gest. 204/819) Recht. Er war an vielen Orten, in der Nähe von Bagdad, in Basra, in Kufa und in Wāsiṭ als Richter tätig.

Ismāʿīl ibn Muslim al-ʿAbdī (ca. 160/776–777) ist ein mehrheitlich als vertrauenswürdig eingestufter Hadithtradent und Richter.

al-Isnawī, *siehe* Abū Muḥammad Ǧamāl ad-Dīn al-Isnawī

ʿIzz ad-Dīn [al-ʿIzz] Ibn ʿAbd as-Salām (gest. 660/1262) ist ein schafiitischer Rechtsgelehrter, dessen Werk zu Rechtsprinzipien berühmt ist. Er ist der Meinung, dass das Recht insgesamt dem einzigen Prinzip dient, das Nützliche herbeizuführen und das Schädliche abzuwenden. Die Betonung von Rechtsprinzipien beeinflusste Gelehrte über die eigene Rechtsschulgrenze hinaus, wie etwa seinen malikitischen Schüler Šihāb ad-Dīn al-Qarāfī (gest. 684/1285).

J

Jasser Auda (geb. 1966) ist ein islamischer Rechtsgelehrter, der an der University of Wales (Großbritannien) im Bereich der islamischen Rechtsphilosophie promoviert wurde, außerdem an der University of Waterloo in Kanada im Bereich *systems analysis*. Er gehört zu den Gründungsmitgliedern und zum Vorstand des *Dawah Committee* der *International Union of Muslim Scholars* und ist Mitglied des *European Council for Fatwa and Research*.

Jens Bakker (geb. 1965) ist Islamwissenschaftler, der seinen Forschungsschwerpunkt in der Geistesgeschichte der islamischen Welt, insbesondere der frühen Neuzeit, hat sowie der Wissenschafts- und Theologiegeschichte der islamischen Welt.

Joseph Schacht (gest. 1969) ist ein Orientalist und Islamwissenschaftler, der durch seine Forschungen im Bereich des islamischen Rechts und zu dessen Ursprüngen die islamwissenschaftliche Rechtsforschung nachhaltig beeinflusst hat. Auch sein Zugang zur Datierung von Hadithen hatte nachhaltigen Einfluss in der islamwissenschaftlichen Forschung.

Juynboll, *siehe* Gualtherus Hendrik Albert Juynboll

K

al-Kalwaḏānī, *siehe* Abū l-Ḫaṭṭāb al-Kalwaḏānī

Kamāl ad-Dīn al-Ġazzī, Muḥammad ibn Muḥammad (gest. 1214/1799–1800) war ein schafiitischer Mufti aus Damaskus und zugleich Historiker und Biograph.

Kamālpaşazādeh, Šams ad-Dīn Aḥmad (gest. 940/1534) ist ein osmanischer Gelehrter, der sowohl an Medresen lehrte, als auch Richter und Militärrichter war. Er war zudem von 932/1526 bis 940/1534 Šayḫ al-Islām des Osmanischen Reichs.

Al-Karābisī, Abū ʿAlī al-Ḥusayn ibn ʿAlī (gest. 248/862) stammt aus Bagdad und ist ein Schüler von Muḥammad ibn Idrīs aš-Šāfiʿī (gest. 204/820), dem er, zuvor als Hanafit, nachfolgte. Er gehört zu den wichtigen Autoritäten, die die ›alten‹ Meinungen von aš-Šāfiʿī in Bagdad (also das *al-qawl al-qadīm*) weitertradierten.

al-Karakī, *siehe* ʿAlī ibn al-Ḥusayn al-Karakī

al-Karḫī, *siehe* ʿUbaydallāh ibn al-Ḥasan al-Karḫī

al-Kāsānī, *siehe* ʿAlāʾ ad-Dīn al-Kāsānī

Katz, *siehe* Marion Holmes Katz

Kevin A. Reinhart (geb. 1952) ist Islamwissenschaftler und Associate Professor of Religion an der Dartmouth University. Er beschäftigt sich vornehmlich mit dem islamischen Recht sowie der Ethik.

Khaled Abou El Fadl (geb. 1963) ist Professor für Recht an der University of California, Los Angeles, der mehrere Bücher und Artikel zum islamischen Recht verfasst hat. Er steht für ein progressives Islamrechtsverständnis und versteht das islamische Recht u. a. als eine Ethik.

al-Kiyā al-Harrāsī, *siehe* Abū l-Ḥasan ʿAlī ibn Muḥammad al-Kiyā al-Harrāsī

al-Kudamī, *siehe* Abū Saʿīd al-Kudamī

al-Kulaynī, *siehe* Abū Ǧaʿfar Muḥammad ibn Yaʿqūb al-Kulaynī

L

Al-Layṯ ibn Saʿd, Abū l-Ḥāriṯ (gest. 175/791) ist ein eigenständiger Rechtsgelehrter und Hadithwissenschaftler aus Ägypten. Wie viele andere Gelehrte reiste er auch in Zentren wie Damaskus, Jerusalem, Bagdad, Mekka und Medina, um zu studieren. Er galt als eine der großen Autoritäten seiner Zeit, traf Abū Ḥanīfa (gest. 150/767) und Mālik ibn Anas (gest. 179/795). Bei ihm studierten viele Gelehrte, die später andere Rechtsschulen prägten. Obwohl seine Meinungen so stark rezipiert wurden, dass sich eine auf ihn zurückzuführende Rechtsschule, die Layṯīya, entwickelte, hat sich seine Schule nicht durchsetzen können. In *ḫilāf/iḫtilāf*- und Kommentarwerken kommen seine Meinungen oft vor.

al-Layṯī, *siehe* Yaḥyā ibn Yaḥyā al-Layṯī

Lohlker, *siehe* Rüdiger Lohlker

M

al-Maḥallī, *siehe* Ǧalāl ad-Dīn al-Maḥallī

Al-Mahdī li-Dīn Allāh Aḥmad ibn Yaḥyā Ibn al-Murtaḍā (gest. 840/1437) ist ein zayditischer Imam und Gelehrter aus dem Jemen, der die zayditische Rechtsschule maßgeblich beeinflusste. Einen ähnlich starken Einfluss übte er im Bereich der systematischen Theologie aus.

al-Mahdawī, *siehe* Abū l-ʿAbbās al-Mahdawī

Mahmoud Bassiouni ist Politikwissenschaftler an der Goethe-Universität Frankfurt am Main.

Makḥūl ibn Abī Muslim (gest. 112/730) ist ein Rechtsgelehrter und Hadithtradent aus der Nachfolgergeneration. Er tradierte u. a. Hadithe vom Prophetengefährten Anas ibn Mālik (gest. 93/711–712). Die von ihm tradierten Hadithe kommen in den bekannten sunnitischen Werken vor. Er galt in Damaskus als eine große Autorität im Bereich des Rechts.

Mālik ibn Anas (gest. 179/795) ist der Gründer der malikitischen Rechtsschule. Er lebte in Medina und verließ diese Stadt auch nicht. Er beeinflusste nicht nur seine eigenen Anhänger, sondern darüber hinaus Gelehrte aus anderen Gelehrtenkreisen, wie etwa Muḥammad ibn al-Ḥasan aš-Šaybānī (gest. 189/805). Mālik tendiert zu rationalen Rechtsfindungsmechanismen, bleibt aber den Überlieferungen und der Praxis der Medinenser weitestgehend treu.

Maʿmar ibn ʿAbdallāh [ibn Nāfiʿ ibn Naḍla] (Sterbedatum unbekannt) ist ein Hadithtradent aus der Generation der Prophetengefährten. Er gehört zu denjenigen, die früh den Islam annahmen.

Maʿmar ibn Rāšid, Abū ʿUrwa (gest. 153/770) ist ein Hadithwissenschaftler aus der Nachfolgergeneration (*tābiʿūn*) aus dem Jemen. Er gehört zu den Gelehrten, die Hadithe systematisch kodifiziert und nach Themen geordnet haben. Zugleich ist er Schüler des berühmten Gelehrten Qatāda ibn Diʿāma (gest. 177/735). Daneben studierte er u. a. bei Ibn Šihāb az-Zuhrī (gest. 124/742). Viele bekannte Hadithgelehrte haben bei ihm studiert und von ihm Hadithe überliefert. Sein *Ǧāmiʿ* ist uns im Werk, d. h. in der Rezension, von ʿAbd ar-Razzāq aṣ-Ṣanʿānī (gest. 211/826–827) erhalten geblieben.

Al-Maʾmūn, Abū Ǧaʿfar ʿAbdallāh (gest. 218/833) ist ein abbasidischer Kalif, der von 813 bis 833 herrschte. Er ist der Sohn von Hārūn ar-Rašīd (gest. 193/809). Dieser designierte ihn als Nachfolger seines Bruders al-Amīn (gest. 198/813, reg. 809–813). Er initiierte die bekannte *miḥna* (Prüfung), die die Gelehrten dazu zwingen sollte, die Lehre der Erschaffenheit des Korans (*ḫalq al-Qurʾān*) anzunehmen. Daneben hat al-Maʾmūn die Bibliothek Bayt al-ḥikma errichten lassen, an der viele Werke aus anderen Kulturen übersetzt wurden, darunter naturwissenschaftliche und philosophische Werke.

Al-Manṣūr [ʿAbd Allāh ibn Muḥammad], Abū Ǧaʿfar (gest. 158/775) ist ein abbasidischer Kalif, der zwischen den Jahren 754 bis 775 regierte.

Al-Manṣūr bi-llāh ʿAbdallāh ibn Ḥamza (gest. 614/1217) ist ein zayditischer Herrscher aus dem Jemen, der als Gelehrter viele Werke geschrieben hat.

Maʿqil ibn ʿUbaydallāh al-Ǧazarī al-Ḥarrānī (gest. 166/782–783) ist ein als vertrauenswürdig eingestufter Hadithtradent.

al-Maqqarī, *siehe* Abū ʿAbdallāh al-Maqqarī

Al-Mardāwī, ʿAlī ibn Sulaymān (gest. 885/1480) ist ein hanbalitischer Rechtsgelehrter aus der Nähe von Nablus. In Damaskus war er als Richter tätig. Er genießt innerhalb der Hanbaliten großes Ansehen; oft ist er gemeint, wenn spätere Hanbaliten den Titel ›al-Qāḍī‹ gebrauchen.

al-Marġīnānī, *siehe* Burhān ad-Dīn ʿAlī ibn Abī Bakr al-Marġīnānī

Marion Holmes Katz (geb. 1967) ist Islamwissenschaftlerin, die sich mit der Geschichte der islamischen Rechtswissenschaften sowie mit genderbezogenen Fragen beschäftigt.

al-Marwarrūḏī, *siehe* Abū ʿAlī (al-Ḥusayn ibn Muḥammad) al-Marwarrūḏī

al-Marwazī, *siehe* Abū Isḥāq Ibrāhīm ibn Aḥmad al-Marwazī; *siehe* Muḥammad ibn Naṣr al-Marwazī

Masrūq ibn al-Aǧdaʿ (gest. 63/683) ist ein kufischer Rechtsgelehrter und Hadithwissenschaftler aus der Nachfolgergeneration. Obwohl er zu Lebzeiten des Propheten lebte, hat er ihn nicht getroffen. Die von ihm tradierten Hadithe kommen in den bekannten sunnitischen Hadithwerken vor. Er ist zugleich Schüler von Ibn Masʿūd (gest. 32/652–653). Auch im Recht galt er als eine Autorität.

Mathias Rohe (geb. 1959) ist Rechts- und Islamwissenschaftler und Inhaber des Lehrstuhls für Bürgerliches Recht, Internationales Privatrecht und Rechtsvergleichung an der Friedrich-Alexander-Universität Erlangen-Nürnberg. Zu seinen Forschungsschwerpunkten gehört das islamische Recht.

al-Māturīdī, *siehe* Abū Manṣūr al-Māturīdī

Mawdūdī, *siehe* Abū l-ʿAlāʾ Mawdūdī

al-Māwardī, *siehe* Abū l-Ḥasan al-Māwardī

al-Mawṣilī, *siehe* ʿAbdallāh ibn Maḥmūd al-Mawṣilī

al-Māzarī, *siehe* Abū ʿAbdallāh Muḥammad al-Māzarī

Mehmed II., Fatih Sultan (gest. 886/1481) ist ein osmanischer Sultan, der in den Jahren 1444–1446 und 1451–1481 herrschte. Berühmt ist er vor allem durch seine Eroberung Konstantinopels (später: Istanbul).

Melchert, *siehe* Christopher Melchert

Mirza Ḫān Biralwī [auch: Barelwī] (gest. 1921) ist ein indisch-hanafitischer Gelehrter, Gründer der Biralwī-Bewegung in Indien, die eine mystisch orientierte, jedoch streng hanafitische Linie vertritt.

Motzki, *siehe* Harald Motzki

Muʿāḏ ibn Ǧabal (gest. 17/638) ist ein Prophetengefährte. Er übernahm gemeinsam mit Abū Mūsā al-Ašʿarī (gest. 42/662–63) zu Lebzeiten des Propheten Gouverneurstätigkeiten im Jemen. Zugleich ordnete der Prophet an, dass er Lehrtätigkeiten übernehmen solle. Bekannt ist sein Gespräch mit dem Propheten, wonach er nach seinem eigenen Ermessen urteilen dürfe, sollte er zur Lösung eines Rechtsfalles keinen direkten Bezug zu Koran und Sunna finden.

Muʿāwiya ibn Abī Sufyān (gest. 60/680) ist ein Prophetengefährte aus dem Clan der Umayyaden, der später die Dynastie der Umayyaden gründete, indem er sich gegen ʿAlī ibn Abī Ṭālib (gest. 40/661) durchsetzte.

Muʾayyad bi-llāh Aḥmad ibn al-Ḥusayn ibn Hārūn (gest. 411/1021) ist ein zayditischer Imam, der einige Werke zum *kalām* und zum Recht verfasst hat.

Muʾayyad bi-llāh Yaḥyā ibn Ḥamza (gest. 749/1348) ist ein einflussreicher Gelehrter und zayditischer Imam, dessen Bestrebungen als Höhepunkt der zayditischen Ausrichtung und ihrer Auseinandersetzung mit dem Rechts- und *kalām*-Diskurs gelten.

Muǧāhid ibn Ǧabr (gest. 103/721) ist einer der einflussreichsten Koranexegeten aus der Nachfolgergeneration. Er ist Schüler von Ibn ʿAbbās (gest. 68/687–688).

Muḥammad ʿAbduh (gest. 1905) ist wohl einer der bekanntesten Reformtheologen des 19. und 20. Jahrhunderts. ʿAbduh genoss eine klassische Ausbildung in den islamischen Wissenschaften und hatte auch Aufenthalte im Libanon und in der Schweiz.

Muḥammad Abū Zahra, *siehe* Abū Zahra

Muḥammad Bahrān, *siehe* Sirāǧ ad-Dīn Muḥammad Bahrān at-Tamīmī

Muḥammad al-Bāqir, *siehe* Abū Ǧaʿfar Muḥammad ibn ʿAlī

Muḥammad Bāqir al-Bihbihānī (gest. 1206/1791–1792) gilt als einer der wichtigsten schiitischen Gelehrten des 18. Jahrhunderts und hat maßgeblich dazu beigetragen, die *uṣūlī*-Tradition (Rationalisten) gegenüber den *aḫbārīyūn* (im dschafaritischen Sinne Traditionalisten) durchzusetzen.

Muḥammad Bāqir aṣ-Ṣadr (gest. 1980) ist ein irakischer Großayatollah. Er beeinflusste die moderne schiitische Literatur und Politik, folgte einem islamistischen Religionsverständnis und engagierte sich stark politisch.

Muḥammad al-Ǧawād at-Taqī (gest. 220/835) ist der 9. Imam der Zwölferschiiten. Als sein Vater ʿAlī ar-Riḍā starb (203/818), war er sieben Jahre alt, sodass sich unter den Schiiten ein Streit entfachte, inwiefern man ihn als nachfolgenden Imam akzeptieren durfte.

Muḥammad Ḥasan an-Naǧafī (gest. 1266/1849) ist ein zwölferschiitischer Gelehrter, der der Tradition der Rationalisten (*uṣūlīyūn*) zugehörte. Er gehört zu den *marǧa-e taqlīd*. Sein Kommentarwerk *Ǧawāhir al-kalām*, das das *Šarāʾiʿ al-Islām* von al-Muḥaqqiq al-Ḥillī (gest. 676/1277) kommentiert, gehört zu den einflussreichsten schiitischen Quellen.

Muḥammad al-Ḥaṭṭāb [ar-Ruʿaynī], Abū ʿAbdallāh Šams ad-Dīn (gest. 954/1547) ist ein malikitischer Gelehrter aus Mekka. Er gilt als eine der letzten in Mekka ansässigen malikitischen Autoritäten. Sein *Mawāhib* wurde von vielen Malikiten kommentiert.

Muḥammad al-Ḫuḍarī Bek (gest. 1927) ist ein ägyptischer Rechtsgelehrter, der u. a. im Jahre 1920 ein Werk zur Geschichte des islamischen Rechts geschrieben hat, das als Lehrbuch an modernen Universitäten diente.

Muḥammad Ḥusayn Faḍlallāh (gest. 2010) ist ein schiitischer Gelehrter (ein Ayatollah) aus Naǧaf, der überwiegend im Libanon wirkte. Seine Lehren reichten weit über die Grenzen des Libanon hinaus. Nicht selten wurde er mit der Hisbollah in Verbindung gebracht.

Muḥammad ibn ʿAbdallāh [al-Mahdī] an-Nafs az-Zakīya (gest. 145/762) ist ein Nachkomme ʿAlī ibn Abī Ṭālibs (gest. 40/661) auf der Linie seines Sohnes al-Ḥasan (gest. 49/669), der einen erfolglosen Aufstand gegen den abbasidischen Kalifen al-Manṣūr (gest. 158/775) unternahm und im Kampf sein Leben verlor.

Muḥammad ibn ʿAbd ar-Raḥmān Ibn Abī Laylā, *siehe* Ibn Abī Laylā

Muḥammad ibn ʿAbd al-Wahhāb (gest. 1206/1792) ist der Begründer einer puristischen Bewegung hanbalitischen Ursprungs. Sie ist bekannt als Wahhābīya und folgt einem streng wortwörtlichen Verständnis der Quellen innerhalb der hanbalitischen Rechtsschule.

Muḥammad ibn Aḥmad al-Ḫwārizmī (gest. 387/997) ist ein transoxanischer Gelehrter und Bürokrat. Sein Werk *Mafātīḥ al-ʿulūm* ist eine Art Lexikon wichtiger (religionsübergreifender) Begriffe, Strömungen und Definitionen in diversen Wissenschaften.

Muḥammad ibn Aḥmad al-ʿUtbī (gest. 255/869) ist ein andalusisch-malikitischer Gelehrter und u. a. Schüler von Yaḥyā ibn Yaḥyā al-Layṯī (gest. 234/849); er studierte bei großen malikitischen Autoritäten in Qayrawān und Kairo. Mit seinem Werk *al-ʿUtbīya* bzw. *al-Mustaḫraǧa* beeinflusste er die malikitische Literatur nachhaltig.

Muḥammad ibn Futūḥ al-Ḥumaydī (gest. 488/1095) ist ein zahiritischer Gelehrter aus Mallorca, der sowohl bei malikitischen als auch zahiritischen Autoritäten studierte und lange Studienreisen unternahm. Er ließ sich zuletzt in Bagdad nieder.

Muḥammad ibn Ǧarīr aṭ-Ṭabarī (gest. 310/923) ist eine bekannte sunnitische Autorität im Bereich der Koranexegese. Er trug systematisch Überlieferungen exegetischen Inhalts zusammen und war als eigenständiger *muǧtahid* bekannt. Er befasste sich in seinen Werken auch mit den Rechtswissenschaften. Seine Anhänger waren so zahlreich, dass sich zeitweilig eine unabhängige Rechtsschule (Ǧarīrīya [Dschaririyya] bzw. Ṭabarīya [Tabariyya]) ausbildete, die aber nicht lange bestand.

Muḥammad ibn al-Ḥasan aš-Šaybānī (gest. 189/805) gehört zu den Gründern der hanafitischen Rechtsschule und damit zu den wichtigsten Schülern Abū Ḥanīfas (gest. 150/767). Seine uns erhaltenen Bücher zum islamischen Recht, in denen er die Meinungen von Abū Ḥanīfa und Abū Yūsuf (gest. 182/798) sowie seine eigenen aufzeichnete, genießen unter den Hanafiten höchste Autorität. Zudem überlieferte er eine Rezension des Werks *al-Muwaṭṭaʾ* von Mālik ibn Anas (gest. 179/795).

Muḥammad Ibn Ḫuzayma an-Nīsābūrī, Abū Bakr (gest. 311/923) ist ein bekannter Hadithwissenschaftler.

Muḥammad ibn Idrīs aš-Šāfiʿī (gest. 204/820) ist der Gründer der schafiitischen Rechtsschule. Er ist derjenige, der maßgeblich die Entwicklung der *uṣūl al-fiqh* beeinflusst hat. Er zog von Irak nach Ägypten, wo er seine früheren Meinungen revidierte. Aš-Šāfiʿī betont die religiösen Texte besonders und versucht die rationalen Methoden in den Dienst der religiösen Schriften zu stellen sowie ihren Wirkungsraum zu begrenzen.

Muḥammad ibn Ismāʿīl al-Mahdī (entrückt, endgültig verborgen seit 329/940) ist der entrückte 12. Imam der imamitisch-schiitischen Tradition.

Muḥammad ibn Ismāʿīl al-Buḫārī (gest. 256/870) ist ein sunnitischer Hadithwissenschaftler, dessen Hadithkompilation *al-Ǧāmiʿ aṣ-ṣaḥīḥ* unter den Sunniten als vertrauenswürdigstes Hadithwerk gilt.

Muḥammad ibn Manṣūr al-Murādī (gest. 290/893) ist ein zayditischer Gelehrter, dessen Auffassungen so verbreitet waren, dass sich eine eigenständige zayditische Rechtsschule daraus etablierte. Sie konnte sich aber nicht durchsetzen.

Muḥammad ibn Muḥammad ibn Yaḥyā Zabāra al-Yamanī (gest. 1381/1961) ist ein zayditischer Gelehrter und Biograph.

Muḥammad ibn Naṣr al-Marwazī, Abū ʿAbdallāh (gest. 294/906) ist ein schafiitischer Rechtsgelehrter und Hadithwissenschaftler aus Bagdad, der seine Jugend in Nīšābūr verbrachte und sich nach seinen

Studienreisen dort niederließ. Er studierte u. a. bei al-Muzanī (gest. 264/878). Ibn al-Mundir (gest. 318/930) gehört zu seinen Studenten. Er zählt zu den wichtigen Autoritäten seiner Zeit und war im Feld der Meinungsverschiedenheiten (*iḫtilāf*) versiert.

Muḥammad ibn Sīrīn, Abū Bakr (gest. 110/728) ist ein Hadith- und Rechtsgelehrter aus der Nachfolgergeneration aus Basra. Er hatte viele Schüler, darunter Qatāda (gest. 117/735) und al-Awzāʿī (gest. 157/774). Seinen Lebensunterhalt verdiente er mit dem Handel. Bekannt sind seine Errungenschaften in der Hadithtradierung und im Recht.

Muḥammad ibn Yūsuf Aṭṭafayyiš (gest. 1332/1914) ist ein algerischer ibaditischer Gelehrter.

Muḥammad ʿIlīš, Abū ʿAbdallāh (gest. 1299/1882) ist ein malikitischer Rechtsgelehrter und Großmufti aus Kairo. Er ist dafür bekannt, die traditionalistische Form der Rechtsfindung und Rechtskonzeption sowie das traditionelle Lehrformat reformistischen Ansätzen vorzuziehen. Er lehrte u. a. an der al-Azhar.

Muhammad Iqbāl (gest. 1938) ist ein Philosoph und Dichter aus Britisch-Indien (heute Pakistan). Er gehört zu den bekannten Figuren der Idee von religiösen Reformen.

Muḥammad Kāẓim al-Ḫurasānī (Āḫūnd Mullā, gest. 1911) ist ein schiitischer Rechtsgelehrter. Er studierte und lehrte in Nağaf. Seine Lehren im Bereich der Rechtswissenschaft, insbesondere der *uṣūl al-fiqh*, wurden von Schiiten weltweit rezipiert. Ende des 19. Jahrhunderts wurde er zum *marǧaʿ-e taqlīd*. Zudem war al-Ḫurasānī politisch aktiv.

Muḥammad Maḫlūf, Muḥammad (gest. 1941) ist ein malikitischer Rechtsgelehrter und Biograph aus Tunesien. Er lehrte u. a. an der Zaytūna-Moschee. In Gabès (Qābis) wurde er zum Richter und Mufti ernannt, wonach er, nach weiteren Ämtern, zum Obermufti wurde.

Muḥammad Šaḥrūr (gest. 2019) ist ein syrischer Ingenieur, der mit seinem eigentümlichen Aufruf zu einer neuen Methodik bekannt wurde. Sein modernistischer Ansatz über die Verbindlichkeit des

Wortlauts der religiösen Quellen unter zeitgenössischen Umständen löste eine große Welle an Kritik unter traditionellen Gelehrten aus.

Muḥammad Saʿīd al-ʿAšmāwī (gest. 2013) ist ein ägyptischer Richter, der unterschiedliche hohe Ämter in Ägypten innehatte. Er war zudem Professor für Islamisches und Vergleichendes Recht an der Universität Kairo, befasste sich u. a. mit islamrechtlichen Themen sowie der Frage nach dem Verhältnis von Staat und Religion.

Al-Muḥaqqiq al-Ḥillī, Abū l-Qāsim Naǧm ad-Dīn Ǧaʿfar ibn al-Ḥasan (gest. 676/1277) ist ein zwölferschiitischer Gelehrter aus Hilla. Durch sein Wirken führte er dazu, dass Hilla zu einem wichtigen schiitischen Zentrum wurde. Zu seinen bekannten Schülern gehört Ibn al-Muṭahhar al-Ḥillī (gest. 726/1325). Al-Muḥaqqiq al-Ḥillī soll die imamitische Tradition systematisiert und, u. a. mit einigen originellen Ansätzen, nachhaltig beeinflusst haben. Obwohl einige ihn zu den Vorläufern der *aḫbārī*-Tradition zählen, wird er grundsätzlich der *uṣūlī*-Tradition zugeordnet.

al-Muḥaqqiq aṯ-Ṯānī, *siehe* ʿAlī ibn al-Ḥusayn al-Karakī

Muḥyī ad-Dīn Ibn ʿArabī (gest. 638/1240) ist einer der einflussreichsten Sufis aus Andalusien. Er ist durch seinen Ansatz des *waḥdat al-wuǧūd* (Einsheit des Seins), den seine Schüler systematisiert haben, bekannt. Sein Einfluss erstreckt sich über viele Sufi-Traditionen hinweg. Er soll der zahiritischen Rechtsschule zugehören, gilt aber auch als unabhängiger Gelehrter.

Mullā Ḫusraw (gest. 885/1480) ist ein osmanisch-hanafitischer Rechtsgelehrter. Nach seinem Studium wurde er Lehrer (*mudarris*) in Edirne. Er wurde im Anschluss zum Militärrichter (*qāḍī ʿaskar, kazasker*) und Richter von Edirne, nach der Eroberung Istanbuls nach einer Zeit dort zum Richter ernannt. Eine Zeit lang weilte er in Bursa, wo er eine Medrese gründete. Danach kehrte er nach Istanbul zurück und wurde zum Mufti Istanbuls. Er beeinflusste die osmanische Lehre nachhaltig, sowohl durch seine Amtshandlungen als auch durch seine Werke.

Mullā Muḥsin, *siehe* Fayḍ Kāšānī

Mullā Niẓām ad-Dīn as-Sihālwī (gest. 1161/1748) hat in Laknaw (Lucknow) in 1693 das Dār al-ʿulūm, eine Medrese in Farangī Maḥall, gegründet. Das von ihm geschriebene Curriculum *Dars-i Niẓāmī* wurde über Jahrhunderte hinweg studiert und wird in heutigen Medresen in Indien in unterschiedlicher Form rezipiert.

Mullā Ṣadrā (gest. 1050/1641) ist ein schiitischer Philosoph aus Šīrāz, der durch seine *išrāqī*-Philosophie bekannt ist.

Muqātil ibn Sulaymān al-Azdī (gest. 150/767) gehört zu den ersten Gelehrten, die den Koran als Ganzes ausgelegt haben. Er stammt aus Ḫurasān und lebte später in Basra und Bagdad. Sein koranexegetisches Werk liegt uns als eines der frühesten Werke vor, wahrscheinlich in der Rezension seiner Schüler.

Murad II. (gest. 1451) ist osmanischer Herrscher (Sultan) und regierte von 1421 bis 1451.

Murtaḍā al-Anṣārī (gest. 1281/1864) ist ein zwölferschiitischer Gelehrter aus dem Iran, der ab seinem Wirken in Naǧaf als *marǧaʿ-e taqlīd* galt. Er gilt als eine große Autorität insbesondere durch seine Errungenschaften im Bereich der *uṣūl al-fiqh,* wodurch er einen großen Einfluss auf das schiitische Rechtsdenken ausübte.

Murteza Bedir (geb. 1968) ist ein türkischer Theologe, der sich mit der Geschichte des islamischen Recht sowie der islamischen Rechtstheorie und -methodik intensiv befasst.

Musa Ǧār Allāh Bigiev [Musa Carulla Bigiyef] (gest. 1949) ist ein tatarischer Gelehrter, der verschiedene Schriften zu unterschiedlichen Disziplinen verfasst hat. Er folgte der reformistischen Tradition der Moderne und bemühte sich, die islamischen Wissenschaften im Sinne von Idschtihad neu zu denken, wobei er dem Begriff der Reform kritisch gegenüberstand.

Mūsā al-Kāẓim (gest. 183/799) ist der siebte Imam der Zwölferschiiten.

Muslim ibn al-Ḥaǧǧāǧ (gest. 261/875) ist ein Hadithwissenschaftler, dessen Hadithkompilation *al-Ǧāmiʿ aṣ-ṣaḥīḥ* zu den authentischsten

Hadithwerken unter den Sunniten gilt. Gemeinsam mit al-Buḫārī (gest. 256/870) genießt er die höchste Autorität unter den sunnitischen Hadithkompilatoren.

Muṣṭafā Saʿīd al-Ḫinn (gest. 2008) ist ein syrischer Theologe und schafiitisch orientierter Rechtsgelehrter mit einem Schwerpunkt in den *uṣūl al-fiqh*.

Mustanṣir Bi-llāh (gest. 640/1242) ist ein abbasidischer Kalif, der in den Jahren 1226–1242 herrschte.

Muwaffaq ad-Dīn Ibn Qudāma (gest. 620/1223) ist ein einflussreicher hanbalitischer Rechtsgelehrter aus der Nähe von Nablus, der von der Gelehrtenfamilie der Qudāma abstammt. Er schrieb mehrere Rechtswerke auf unterschiedlichem Niveau für Anfänger und Fortgeschrittene verschiedenen Grades sowie ein viel kommentiertes *uṣūl*-Werk. Einflussreich war er besonders während seiner Zeit in Damaskus. Er war in der Lage, im Rahmen seiner eigenen Rechtsschule selbstständig Normen herzuleiten und Alternativlösungen vorzuschlagen.

al-Muzanī, *siehe* Abū Ibrāhīm Ismāʿīl ibn Yaḥyā al-Muzanī

N

Nāfiʿ (gest. 117/735) ist ein Hadithgelehrter aus der Nachfolgergeneration und der freigelassene Sklave des Prophetengefährten ʿAbdallāh ibn ʿUmar (gest. 73/693). Er gilt als eine wichtige Autorität in den Hadithwissenschaften.

an-Nafs az-Zakīya, *siehe* Muḥammad ibn ʿAbdallāh [al-Mahdī] an-Nafs az-Zakīya

an-Naǧafī, *siehe* Muḥammad Ḥasan an-Naǧafī

Naǧm ad-Dīn aṭ-Ṭūfī (gest. 716/1316) ist ein hanbalitischer Gelehrter aus der Nähe von Bagdad, der Schriften zu den *uṣūl al-fiqh*, zu theologischen Themen sowie zur Koranexegese und Hadithen verfasst hat. Er ist durch seine Theorie zur *maṣlaḥa* bekannt, die er in einem Hadithkommentar darlegte. Aṭ-Ṭūfī hat auch Schriften verfasst, die sich auf die Evangelien beziehen und sich mit dem christlichen Glauben beschäftigen.

an-Naḫaʿī, *siehe* Ibrāhīm an-Naḫaʿī

an-Naḥḥās, *siehe* Abū Ǧaʿfar Aḥmad ibn Muḥammad an-Naḥḥās

Napoleon Bonaparte (gest. 1821) war französischer Kaiser und General.

an-Nasafī, *siehe* Abū l-Barakāt an-Nasafī

an-Nasāʾī, *siehe* Abū ʿAbd ar-Raḥmān Aḥmad ibn Šuʿayb an-Nasāʾī

Nāṣir ad-Dīn al-Bayḍāwī (gest. 685/1286), bekannt auch als al-Qāḍī al-Bayḍāwī, ist ein schafiitischer Gelehrter aus der Nähe von Šīrāz, wo er studierte, selbst auch wirkte und zum Oberkadi (*qāḍī l-quḍāt*) wurde. Nach einiger Zeit wurde er aus diesem Amt entlassen, ging nach Täbris, kehrte als Richter bzw. Kadi nach Šīrāz zurück, verließ den Ort abermals und ließ sich in Täbris nieder. Al-Bayḍāwīs Werke zur Koranexegese und *uṣūl al-fiqh* haben die nachfolgende Gelehrsamkeit stark beeinflusst. Es wird berichtet, dass Ibn al-Muṭahhar al-Ḥillī (gest. 726/1325) und er sich gegenseitig Widerlegungsschriften schrieben.

Naṣīr ad-Dīn aṭ-Ṭūsī (gest. 672/1274) ist ein berühmter persisch-schiitischer Philosoph, Mathematiker und Astronom. Berühmt ist u. a. sein Werk *Aḫlāq an-Nāṣirī* zur Ethik.

Nāṣir li-l-Ḥaqq al-Ḥasan al-Uṭrūš, Abū Muḥammad (gest. 304/917) ist ein zayditischer Herrscher, der südlich des Kaspischen Meeres, und zwar in Daylam und in Tabaristan, regierte. In den Rechts- und Hadithwissenschaften sowie der systematischen Theologie war er bewandert. Die Tradition der Nāṣirīya innerhalb der Zayditen, die nicht lange selbstständig bleiben konnte und in anderen Richtungen aufging, wird auf ihn zurückgeführt.

Nasr Hamid Abu Zaid (Naṣr Ḥāmid Abū Zayd, gest. 2010) ist ein ägyptischer Literatur- und Koranwissenschaftler, der sich mit der

Frage der Auslegung des Korans beschäftigte. Er vertrat eine historisch-kritische Lesart des Korans.

An-Nāṭiq bi-l-Ḥaqq Yaḥyā ibn al-Ḥusayn ibn Hārūn (gest. 424/1033) ist ein zayditischer Imam im Süden des Kaspischen Meeres, in Tabaristan. Er befasste sich näher mit dem islamischen Recht und den *uṣūl al-fiqh* und schrieb Werke dazu.

an-Nawawī, *siehe* Yaḥyā ibn Šaraf an-Nawawī

an-Naẓẓām, *siehe* Abū Isḥāq an-Naẓẓām

Noel J. Coulson (gest. 1986) ist ein Islamwissenschaftler, der sich mit den islamischen Rechtswissenschaften befasste.

Norbert Oberauer (geb. 1968) ist Islamwissenschaftler und Professor für Islamisches Recht an der Westfälischen Wilhelms-Universität Münster.

Nūḥ ibn Abī Maryam, Abū ʿIṣma (gest. 173/789) ist ein als hanafitisch eingeordneter Gelehrter, der sowohl bei Abū Ḥanīfa (gest. 150/767) als auch bei Ibn Abī Laylā (gest. 148/765) studierte. Er wurde noch Lebzeiten seines Lehrers Abū Ḥanīfa zum Kadi von Marw berufen. In der Hadithwissenschaft werden seine Hadithe als schwach eingestuft.

Nūr ad-Dīn Maḥmūd az-Zangī (gest. 569/1174) ist ein zangidischer Herrscher, der von 1146 bis 1174 in Damaskus und Aleppo herrschte.

O

Oberauer, *siehe* Norbert Oberauer

Ömer Özsoy (geb. 1963) ist Koranexeget und Theologe an der Goethe-Universität in Frankfurt am Main, der maßgeblich daran beteiligt ist, die islamische Theologie als deutsches universitäres Fach zu etablieren. Er gehört zu den bekannten Ankaraner Theologen, die einen historisch-kritischen Zugang zur Theologie befürworten.

P

Patricia Crone (gest. 2015) ist eine dänische Islamwissenschaftlerin. Crone hat zu verschiedenen islambezogenen Themen geforscht. Kontrovers diskutiert war ihre Skepsis gegenüber der Historizität der Überlieferungen zu den Anfängen des Islams und die Datierung des Korans. Sie gehörte zu den Vertreter:innen des Revisionismus.

al-Pazdawī, *siehe* Abū l-ʿUsr al-Bazdawī; *siehe* Abū l-Yusr al-Bazdawī

Petra Bleisch Bouzar (geb. 1972) ist eine schweizerische Religionswissenschaftlerin. Sie forscht u. a. zum islamischen Recht.

Q

al-Qāḍī ʿAbd al-Ǧabbār, *siehe* ʿAbd al-Ǧabbār

al-Qāḍī ʿAbd al-Wahhāb, *siehe* ʿAbd al-Wahhāb

Al-Qāḍī Abū l-Faḍl Šams ad-Dīn, Ǧaʿfar ibn Aḥmad (gest. 573/1177) ist ein zayditischer Rechtsgelehrter, der hauptsächlich in Jemen wirkte und einige Zeit im Irak und im Hedschas lebte. Er ist auch mit seinen Arbeiten zur systematischen Theologie und den Hadithwissenschaften bekannt.

al-Qāḍī Abū Ǧaʿfar, *siehe* Abū Ǧaʿfar as-Simnānī

al-Qāḍī Abū Muḥammad, *siehe* ʿAbd al-Wahhāb

Al-Qāḍī Ismāʿīl [al-Ǧuhḍamī], Abū Isḥāq (gest. 282/896) ist ein malikitischer Gelehrter aus Basra, der sich in Bagdad niederließ. Er war Richter und Oberrichter in Bagdad. Sein Rechtswerk gehört zur Standardliteratur der Malikiten.

Al-Qāḍī ʿIyāḍ (gest. 544/1149) ist ein andalusisch-malikitischer Richter, Rechtsgelehrter und Hadithwissenschaftler. Er hat Hadithkommentare, ein biographisches Werk sowie ein umfangreiches Werk zur Lobpreisung des Propheten mit dem Titel *aš-Šifāʾ bi-taʿrīf ḥuqūq al-Muṣṭafā* verfasst.

Al-Qāḍī Nuʿmān [ibn Muḥammad] (gest. 363/974) ist die wichtigste Figur für die Systematisierung des ismailitischen Rechts innerhalb der Fatimiden, Oberrichter (*qāḍī l-quḍāt*) und Oberhaupt der ismailitischen Missionare (*duʿāt*). Sein Werk *Daʿāʾim al-Islām* beeinflusste die ismailitische Lehre nachhaltig.

Qāḍīzāde Mehmed Efendi (gest. 1045/1635) ist ein osmanischer Prediger, unter dessen Namen eine osmanische puristische Bewegung entstanden ist.

Al-Qaffāl aš-Šāšī (gest. 336/948) ist ein schafiitischer Rechtsgelehrter und Schüler Ibn Surayǧs (gest. 306/918). Er trug maßgeblich zur Systematisierung und Konsolidierung der schafiitischen Rechtsschule bei.

al-Qaraḍāwī, *siehe* Yūsuf al-Qaraḍāwī

al-Qarāfī, *siehe* Badr ad-Dīn al-Qarāfī; *siehe* Šihāb ad-Dīn al-Qarāfī

Al-Qāsim ibn Ibrāhīm ar-Rassī (gest. 246/860) ist ein zayditischer Gelehrter, dessen Lehren sich in Medina und im Irak verbreiteten. Auf ihn wird die Schule der Qāsimīya zurückgeführt, die innerhalb der Zayditen einige Zeit lang existieren konnte.

Al-Qāsim ibn Maʿn (gest. 175/791) ist ein kufischer Rechtsgelehrter und Richter; eine Rechtsautorität seiner Zeit und Schüler Abū Ḥanīfas (gest. 150/767). Innerhalb der Kreise der Hadithwissenschaftler galt er auch als vertrauenswürdiger Tradent.

Al-Qāsim ibn Muḥammad, Abū Muḥammad (gest. 102/720) ist einer der ›Sieben medinensischen Rechtsgelehrten‹ aus der Nachfolgergeneration (*tābiʿūn*). Er prägte die Haltung der medinensischen Gelehrten nachhaltig.

al-Qāsim ibn Sallām, *siehe* Abū ʿUbayd al-Qāsim ibn Sallām

al-Qāsimī, *siehe* Ǧamāl ad-Dīn al-Qāsimī

al-Qasṭallānī, *siehe* Šihāb ad-Dīn Abū l-ʿAbbās Aḥmad al-Qasṭallānī

Qatāda ibn Diʿāma, Abū l-Ḫaṭṭāb (gest. 117/735–736) ist ein berühmter Koranexeget aus der Nachfolgergeneration aus Basra. Er studierte lange bei al-Ḥasan al-Baṣrī (gest. 110/728), überlieferte Hadithe von großen Autoritäten und lernte auch von Gelehrten wie ʿAṭāʾ ibn Abī Rabāḥ (gest. 114/732). Insbesondere im Rahmen der Auslegung von Koranversen können seine Meinungen mittels koranexegetischer Werke rekonstruiert werden.

al-Qudūrī, *siehe* Abū l-Ḥusayn Aḥmad ibn Abī Bakr al-Qudūrī

al-Qunawī, *siehe* Abū l-Maḥāsin Ǧamāl ad-Dīn Maḥmūd al-Qunawī

al-Qurṭubī, *siehe* Abū ʿAbdallāh Muḥammad ibn Aḥmad al-Qurṭubī

Quṭb ad-Dīn aš-Šīrāzī (gest. 710/1311) ist ein persischer vielseitiger Gelehrter aus Šīrāz, der sich mit Astronomie, Mathematik und Medizin beschäftigte. Er ist Schüler von Naṣīr ad-Dīn aṭ-Ṭūsī (gest. 672/1274). Bekannt sind auch seine Ausführungen zur Taxonomie der Wissenschaften.

R

Rabīʿa ibn Abī ʿAbd ar-Raḥmān, (gest. 136/753), bekannt **als Rabīʿat ar-Raʾy**, mit vollem Namen Abū ʿUṯmān Rabīʿa ibn Abī ʿAbd ar-Raḥmān al-Madanī at-Taymī, ist ein Rechtsgelehrter aus der Nachfolgergeneration aus Medina. Große Autoritäten wie al-Awzāʿī (gest. 157/774), Sufyān aṯ-Ṯawrī (gest. 161/778) und Mālik ibn Anas (gest. 179/795) studierten bei ihm. Rabīʿa galt als unabhängiger Mudschtahid und vertrauenswürdiger Tradent. Er sticht durch seine rationalistische Haltung im Recht hervor, was ihm den Beinamen Rabīʿat ar-Raʾy einbrachte.

Ar-Rabīʿ ibn Sulaymān al-Murādī, Abū Muḥammad (gest. 270/884) gehört zu wichtigsten Schülern aš-Šāfiʿīs (gest. 204/820) in dessen Zeit in Ägypten. Er trug wesentlich zur Konsolidierung und Systematisierung der schafiitischen Rechtsschule bei und tradierte die Meinungen aš-Šāfiʿīs präzise weiter. Die ›neuen Meinungen‹ aš-Šāfiʿīs, das *al-qawl al-ǧadīd*, werden vornehmlich über ar-Rabīʿ rekonstruiert.

ar-Rāfiʿī, *siehe* Abū l-Qāsim ʿAbd al-Karīm ar-Rāfiʿī

Rahman, *siehe* Fazlur Rahman

Ramaḍān al-Būṭī, Muḥammad Saʿīd (gest. 2013) ist ein syrischer Gelehrter, der in Damaskus wirkte und an der Scharia-Fakultät der Universität Damaskus lehrte. Seine Dissertation, die er an der al-Azhar abschloss, widmete sich der Frage nach der Einbindung der *maṣlaḥa* in die Rechtsfindung. Neben seiner Universitätslehre sprach er auch in Moscheen zu einer breiten Hörerschaft. Er wandte sich sowohl von der Muslimbruderschaft als auch von salafitischen Kreisen ab. Er kam während des Bürgerkriegs in Syrien bei einem Attentat ums Leben.

ar-Ramlī, *siehe* Šams ad-Dīn ar-Ramlī

Rašīd Riḍā (gest. 1935) ist ein salafitisch-reformistisch orientierter ägyptischer Gelehrter und einer der berühmten Schüler von Muḥammad ʿAbduh (gest. 1905). Aufgrund seiner Bestrebungen liegen uns heute die exegetischen Zugänge ʿAbduhs im *Tafsīr al-Manār* vor. Riḍā selbst entwarf eine eigentümliche Theorie zu den Rechtswissenschaften und den *maqāṣid*.

ar-Rassī, *siehe* al-Qāsim ibn Ibrāhīm ar-Rassī

ar-Rāzī, *siehe* Faḫr ad-Dīn ar-Rāzī

Reinhart, *siehe* Kevin A. Reinhart

Rohe, *siehe* Mathias Rohe

Rüdiger Lohlker (geb. 1959) ist ein Islamwissenschaftler an der Universität Wien. Sein Forschungsschwerpunkt liegt im Bereich der islamischen Rechtswissenschaften.

Rukn ad-Dīn al-ʿAmīdī (gest. 615/1218) ist ein hanafitischer Gelehrter aus Samarkand, der insbesondere durch seine Werke zur Dialektik (*ǧadal*) und zum Meinungsstreit (*ḫilāf*) bekannt ist.

Rukn ad-Dīn Ibn al-Malāḥimī (gest. 536/1141) ist ein mutazilitischer Theologe und Rechtsgelehrter. Er hat beim mutazilitischen Theologen und Koranexegeten az-Zamaḫšarī (gest. 538/1144) studiert. Ibn al-Malāḥimī wurde insbesondere von den jemenitischen Zayditen rezipiert. Er beeinflusste auch das Denken sunnitischer Gelehrter wie Faḫr ad-Dīn ar-Rāzī (gest. 606/1210).

ar-Rūyānī, *siehe* ʿAbd al-Wāḥid ibn Ismāʿīl ar-Rūyānī

S/Ṣ/Š

Aš-Šaʿbī, Abū ʿAmr ibn Šarāḥīl ibn ʿAbdallāh (gest. 104/722) ist ein Hadithwissenschaftler aus der Generation der Nachfolger (*tābiʿūn*). Er studierte gemeinsam mit an-Naḫaʿī (gest. 96/714) und gehört neben diesem zu den bekanntesten Schülern Ibn Masʿūds (gest. 32/652–653). In Kufa wirkte er für eine kurze Zeit als Richter; bekannt war er aber vielmehr mit seiner Hadithkritik.

Saʿd ibn Abī Waqqāṣ (gest. 55/675) ist ein Prophetengefährte, der zu den ausgewählten zehn Personen gehören soll, denen zu ihren Lebzeiten das Paradies verheißen worden sei. Er beteiligte sich an vielen Eroberungszügen und ist ein bekannter Kommandeur. Er gründete die Stadt Kufa und wurde zum dortigen Gouverneur.

Saʿd ad-Dīn at-Taftāzānī (gest. 792/1390) ist ein vielseitiger sunnitischer Gelehrter aus Ḫurāsān, der viele Werke aus unterschiedlichen Disziplinen schrieb und auch kommentierte, darunter systematisch-theologische sowie rechtstheoretische und -methodische Werke. Er studierte bei Gelehrten wie dem ebenfalls vielseitigen ascharitischen Gelehrten ʿAḍud ad-Dīn al-Īǧī (gest. 756/1355). Seine Zuordnung zu einer Rechtsschule gestaltet sich schwierig; er wird sowohl als Hanafit als auch als Schafiit eingeordnet. Gleiches gilt für seine Einordnung zu einer theologischen Schule: Oft folgt er den Aschariten, schließt sich aber auch maturiditischen Positionen an.

Ṣadr aš-Šarīʿa ʿUbaydallāh ibn Masʿūd al-Maḥbūbī (gest. 747/1346) ist ein hanafitischer Rechtsgelehrter und maturiditischer Theologe aus Buchara in Zentralasien. Er stammt aus einer Gelehrtenfamilie. Bekannt ist er dafür, dass er nicht nur kommentierte, was von früheren Gelehrten tradiert wurde, sondern sie und auch seine Zeitgenossen kritisierte. Sein rechtsmethodisches Werk kombinierte die

Standardliteratur der Hanafiten am Beispiel von Abū l-ʿUsr al-Bazdawī (gest. 482/1089) mit den Werken des Schafiiten Faḫr ad-Dīn ar-Rāzī (gest. 606/1210) und des Malikiten Ibn al-Ḥāǧib (gest. 646/1249). Er kommentierte sein eigenes Werk und wurde von vielen späteren Gelehrten, zum Beispiel von Saʿd ad-Dīn at-Taftāzānī (gest. 792/1390), kommentiert sowie an Medresen gelehrt.

aš-Šāfiʿī, *siehe* Muḥammad ibn Idrīs aš-Šāfiʿī

Šāh Walī Allāh ad-Dihlawī (gest. 1176/1762) ist ein indischer Gelehrter, der mit seinen Vorstößen für neue Ansätze in der muslimischen Denktradition bekannt ist. Ad-Dihlawī befasste sich besonders mit Hadith- und Koranwissenschaften und war als Lehrer an Medresen tätig. Er schrieb neben Werken zum Koran und Hadith auch solche zur Rechtstheorie, Theologie, Philosophie und zum Sufismus.

Aš-Šahīd al-Awwal, Abū ʿAbdallāh Muḥammad al-ʿĀmilī (gest. 786/1384) ist ein vielseitiger imamitisch-schiitischer Gelehrter, der die rationalistische *uṣūlīyūn*-Tradition der Schiiten entscheidend geformt hat. Er wurde aufgrund dessen, dass er bestimmten Lehren folgte, zum Tode verurteilt, weshalb er als der erste Märtyrer (aš-Šahīd al-Awwal) bezeichnet wird. Sein kurzes Rechtswerk verfasste er im Gefängnis. Besonders wichtig ist sein Werk zu den Rechtsprinzipien, das erste in der schiitischen Tradition.

Aš-Šahīd aṯ-Ṯānī, Zayn ad-Dīn al-ʿĀmilī (gest. 966/1559) ist ein zwölferschiitischer Rechtsgelehrter aus Libanon, der bei schiitischen wie sunnitischen Gelehrten studierte. Er lehrte u. a. an der Nūrīya-Medrese in Baalbek (Baʿlabakk) in Libanon, und zwar nicht nur dschafaritisches, sondern auch sunnitisches Recht in der gesamten Breite. Nach mehreren Beschwerden darüber, dass er ein Häretiker sei, wurde er in Haft genommen und nach Istanbul gebracht. Bevor der Gerichtsprozess begann, wurde er getötet. Aufgrund dieses Todes wird er, in Anlehnung an Abū ʿAbdallāh Muḥammad al-ʿĀmilī (gest. 786/1384), der als aš-Šahīd al-Awwal bekannt ist, auch aš-Šahīd aṯ-Ṯānī genannt.

Şahin, *siehe* Ertuğrul Şahin

Saḥnūn, Abū Saʿīd ʿAbd as-Salām ibn Saʿīd at-Tanūḫī (gest. 240/854) ist einer der einflussreichsten nordafrikanischen Malikiten, der aus der Nähe von Qayrawān stammt. Durch seine Arbeiten sorgte er für die Konsolidierung und Systematisierung des malikitischen Rechts sowie seine Verbreitung in Nordafrika und Andalusien. Er studierte bei bekannten Schülern von Malik ibn Anas (gest. 179/795) in Ägypten und Medina. Er wurde später in Qayrawān zum Kadi ernannt. Durch seine Lehren konnte er die malikitische Rechtsschule gegenüber den Hanafiten durchsetzen. Sein Werk *al-Mudawwana* ist eines der wichtigsten malikitischen Werke.

as-Saḫtiyānī, *siehe* Abū Bakr Ayyūb as-Saḫtiyānī

Saʿīd ibn Ǧubayr, Abū ʿAbdallāh (gest. 95/714) ist ein bekannter Koranexeget und Hadithtradent aus der Nachfolgergeneration. Er studierte bei ʿAbdallāh Ibn ʿAbbās (gest. 68/687–688) Koranexegese und Recht, danach wanderte er von Mekka nach Kufa aus. Er studierte in Medina auch bei ʿAbdallāh ibn ʿUmar (gest. 73/693), der sein Rechtsdenken beeinflusste. Eine kurze Zeit lang war er Kadi in Kufa, wurde aber aus diesem Amt entlassen. Dennoch konnte er andere offizielle Ämter bekleiden.

Saʿīd ibn al-Musayyib (gest. 94/713) ist einer der berühmten ›Sieben medinensischen Rechtsgelehrten‹ aus der Nachfolgergeneration (*tābiʿūn*). Er war die größte medinensische Autorität seiner Zeit. Viele der Überlieferungen, die er tradiert hat, befinden sich in den kanonischen Hadithwerken. Da er als ein vertrauenswürdiger Tradent gilt, werden die von ihm tradierten Hadithe, auch wenn sie einen Bruch in der Überlieferungskette beinhalten, in der Regel akzeptiert.

As-Sakkākī, Abū Yaʿqūb (gest. 626/1229) ist ein berühmter Sprachwissenschaftler, der mit seinem Werk *Miftāḥ al-ʿulūm* diese Disziplin nachhaltig beeinflusst hat.

Ṣalāḥ ad-Dīn Ḫalīl ibn al-Kaykaldī al-ʿAlāʾī (gest. 761/1359) ist ein schafiitischer Rechtsgelehrter und Hadithwissenschaftler aus Damaskus, der u. a. ein Werk zu den Rechtsprinzipien und zu bestimmten *uṣūl*-Themen geschrieben hat. Diese umfassen die Frage nach der

Bewertung und Auslegung von allgemeinen und spezifischen Aussagen in Koran und Sunna sowie die Frage nach der Nichtigkeit verbotener Handlungen.

Salama ibn Šabīb (gest. 247/861) ist ein Hadithtradent, der grundsätzlich als vertrauenswürdig eingestuft wird.

Ṣāliḥ ibn Aḥmad ibn Ḥanbal (gest. 266/880) ist der Sohn Aḥmad ibn Ḥanbals (gest. 241/855) und einer seiner vornehmlichen Schüler. An verschiedenen Orten war er als Kadi tätig. Er trug die Rechtsmeinungen seines Vaters zusammen und bildete die Grundlage für die Entstehung der hanbalitischen Rechtsschule. Er unterrichtete Recht und Hadith. Abū Bakr al-Ḫallāl (gest. 311/923), der maßgeblich zur Konsolidierung der Hanbaliten beitrug, ist einer seiner Schüler.

as-Samʿānī, *siehe* Abū l-Muẓaffar [Manṣūr ibn Muḥammad] as-Samʿānī

as-Samarqandī, *siehe* Abū l-Layṯ as-Samarqandī; *siehe* ʿAlāʾ ad-Dīn as-Samarqandī

aš-Šammāḫī, *siehe* Abū l-ʿAbbās aš-Šammāḫī; *siehe* ʿĀmir ibn ʿAlī aš-Šammāḫī

Šams al-Aʾimma as-Saraḫsī, Abū Sahl Muḥammad ibn Abī Sahl Aḥamd (gest. 483/1090) gehört zu den wichtigsten Systematikern der Hanafiten aus Zentralasien. Sein *uṣūl*-Werk wie auch sein *furūʿ*-Werk *al-Mabsūṭ* gehören zu den wichtigsten Quellen der hanafitischen Literatur. Eine Besonderheit seines voluminösen *furūʿ*-Werks ist, dass er dieses Werk seinen Schülern aus dem Gefängnis diktierte.

Šams ad-Dīn Muḥammad ibn al-Mawṣilī (gest. 774/1372–73) ist ein schafiitischer Gelehrter aus Baalbek (Baʿlabakk), der, neben anderen Werken, das *Minhāǧ aṭ-ṭālibīn* von an-Nawawī in Gedichtform zusammenfasste.

Šams ad-Dīn ar-Ramlī (gest. 1004/1596) ist ein schafiitischer Rechtsgelehrter aus Ägypten. Er unterrichtete an verschiedenen Medresen und erteilte offiziell Fatwas in Kairo. Er gehört zu den großen Autoritäten seiner Zeit und wurde als ›der kleine aš-Šāfiʿī‹ bezeichnet. Mit seinem Rechtswerk *Nihāyat al-muḥtāǧ* beeinflusste er die schafiitische Literatur nachhaltig. Sein Werk stand in Konkurrenz zum Werk von Ibn Ḥağar al-Haytamī (gest. 974/1567), der Schüler des Vaters ar-Ramlīs war.

Šams ad-Dīn az-Zarkašī (gest. 772/1370) ist ein hanbalitischer Gelehrter aus Kairo. Es gibt wenig Informationen zu seinem Leben, obwohl er ein einflussreicher Gelehrter gewesen zu sein scheint. Bekannt ist sein Kommentar zum Werk von al-Ḫiraqī (gest. 334/946).

aṣ-Ṣanʿānī, *siehe* ʿAbd ar-Razzāq aṣ-Ṣanʿānī

as-Saraḫsī, *siehe* Šams al-Aʾimma as-Saraḫsī

Šaraf ad-Dīn al-ʿAmrīṭī (gest. nach 988/1580) ist ein schafiitischer Rechtsgelehrter, der u. a. Werke in Reimform verfasst hat.

Šaraf ad-Dīn as-Sayyāğī, Ḥusayn ibn Aḥmad (gest. 1221/1806) ist ein zayditischer Rechtsgelehrter aus Sanaa. Er lehnte es ab, als Kadi ernannt zu werden; dafür unterrichtete er und erteilte Fatwas.

Aš-Šarīf al-Murtaḍā, Abū l-Qāsim ʿAlī ibn al-Ḥusayn (gest. 436/1044) ist zwölferschiitischer Gelehrter aus Bagdad, der maßgeblich an der Entwicklung der zwölferschiitischen Systematik im Bereich des Rechts sowie der systematischen Theologie beteiligt war. Er gehört zu den einflussreichsten Gelehrten der rationalistisch-schiitischen Tradition. Unter den Buwayhiden bekleidete er wichtige politische Ämter.

Šarīk [ibn ʿAbdallāh], Abū ʿAbdallāh (gest. 177/794) ist ein Hadithwissenschaftler, Rechtsgelehrter und Richter. Er stammt aus Buchara, war aber an verschiedenen Orten wie Wāsiṭ und Kufa als Richter tätig. Unter den Hadithwissenschaftlern gilt er als ein vertrauenswürdiger Tradent, der allerdings teilweise für seine im hohen Alter aufgetretenen Konfusionen in der Hadithüberlieferung kritisiert wurde.

aš-Šāṭibī, *siehe* Abū Isḥāq Ibrāhīm ibn Mūsā aš-Šāṭibī

Aš-Šawkānī, Abū ʿAbdallāh Muḥammad ibn ʿAlī (gest. 1250/1834) ist ein jemenitisch-zayditischer Gelehrter. Er gehört zu denjenigen

Gelehrten, die die sunnitisch-schiitische Dichotomie, ja sogar die Befolgung einer Rechtsschule insgesamt zu überwinden versuchten. Er wurde u. a. als Reformdenker wahrgenommen, der den Idschtihad betont. Aš-Šawkānī ist ein vielseitiger Gelehrter, der sich mit diversen theologischen Disziplinen befasst hat.

Šawqī Ibrāhīm ʿAllām (geb. 1961) ist Professor für Islamisches Recht und Großmufti Ägyptens.

Aš-Šayḫ al-Mufīd, Abū ʿAbdallāh Muḥammad al-ʿUkbarī (gest. 413/1022) ist ein vielseitiger zwölferschiitischer Gelehrter aus dem Irak. Er vertrat eher rationalistische Ansätze, sowohl in seiner Theologie als auch in seiner Rechtstheorie und -methodik. Er schrieb viele Traktate an unterschiedliche Zentren des muslimischen Herrschaftsgebiets als Antwort auf Fragen, die er aus vielen Orten erhielt.

Šayḫ Ṣadūq, *siehe* Ibn Bābawayh al-Qummī

Šayḫ aṭ-Ṭāʾifa, *siehe* Abū Ǧaʿfar Muḥammad ibn al-Ḥasan aṭ-Ṭūsī

aš-Šaybānī, *siehe* Muḥammad ibn al-Ḥasan aš-Šaybānī

Sayf ad-Dīn al-Āmidī, Abū l-Ḥasan ʿAlī ibn Muḥammad (gest. 631/1233) ist ein schafiitischer *uṣūl*-Gelehrter sowie ascharitischer Theologe und Philosoph aus dem heutigen Diyarbakır in der Türkei. Er studierte neben Recht, Theologie und Dialektik sowohl bei Muslimen als auch bei Juden und Christen Logik und Philosophie. Al-Āmidī wechselte von der hanbalitischen Rechtsschule zur schafiitischen. Sein *uṣūl*-Werk trägt die bekanntesten Diskussionspunkte und Meinungen im Bereich der *uṣūl al-fiqh* zusammen und beeinflusste die Literatur der Folgezeit nachhaltig. Berühmt ist er zudem für seine eigentümliche Herangehensweise an die Dialektik (*ḫilāf, ǧadal*). Al-Āmidī unterrichtete in Kairo, wurde aber von dort vertrieben und unterrichtete später in Damaskus. Er wurde in den letzten Jahren seines Lebens seines Postens als Lehrer an der Medrese enthoben und verbrachte seine Zeit zurückgezogen im eigenen Heim.

aṣ-Ṣayrafī, *siehe* Abū Bakr aṣ-Ṣayrafī

Sayyid Aḥmad Ḫān (gest. 1898) ist ein indischer Gelehrter, der durch seine Schriften verschiedene reformorientierte Bewegungen beeinflusst hat.

Sayyid Aḥmad al-Ḥusaynī (geb. 1931) ist ein schiitischer Gelehrter aus Naǧaf.

Sayyid ʿAlī aṭ-Ṭabāṭabāʾī (gest. 1231/1815–16) ist ein zwölferschiitischer Gelehrter.

Sayyid Quṭb (gest. 1966) ist ein ägyptischer Denker und Aktivist, der eine fundamentalistische Deutung der islamischen Tradition verfolgte und der Muslimbrüderschaft angehörte. Seine Werke wurden von solchen Kreisen stark rezipiert, u. a. das koranexegetische Werk *Fī ẓilāl al-Qurʾān*.

as-Sayyūrī, *siehe* Ǧamāl ad-Dīn al-Miqdād ibn ʿAbdallāh as-Sayyūrī

Schacht, *siehe* Joseph Schacht

Schoeler, *siehe* Gregor Schoeler

Sebastian Günther (geb. 1961) ist Professor für Arabistik und Islamwissenschaft an der Georg-August-Universität Göttingen. Er hat zahlreiche Arbeiten zu Bildungskonzepten und -institutionen in der islamischen Tradition verfasst.

Selim II. (gest. 982/1574) ist ein osmanischer Herrscher (Sultan), der von 1566 bis 1574 regierte.

Sezgin, *siehe* Fuat Sezgin

Sibṭ Ibn al-Ǧawzī, Abū l-Muẓaffar Šams ad-Dīn Yūsuf (gest. 654/1256) ist ein hanbalitischer Gelehrter aus Bagdad, der für seine Arbeiten in der Geschichtsschreibung bekannt ist. Seine Mutter ist die Tochter des bekannten hanbalitischen Gelehrten Abū l-Faraǧ Ibn al-Ǧawzī (gest. 597/1201), weshalb er als Sibṭ (Enkel [von]) Ibn al-Ǧawzī bekannt ist. Er befasste sich ferner mit *Iḫtilāf al-fuqahāʾ* und schrieb dazu Werke.

Šihāb ad-Dīn ʿAbd ar-Raḥmān ibn Muḥammad Ibn ʿAskar al-Baġdādī (gest. 732/1332) ist ein malikitischer Rechtsgelehrter aus Bagdad. Er lehrte an der Mustanṣirīya-Medrese. Sein Werk *Iršād as-sālik* bringt die irakisch-malikitischen Positionen zusammen.

Šihāb ad-Dīn Abū l-ʿAbbās Aḥmad al-Qasṭallānī (gest. 923/1517) ist ein bekannter schafiitischer Hadithwissenschaftler aus Kairo, der das *Ṣaḥīḥ* von al-Buḫārī (gest. 256/870) kommentierte. Er war auch eine Autorität in den Koranlesarten und ein bekannter Prediger.

Šihāb ad-Dīn al-Qarāfī, Abū l-ʿAbbās Aḥmad ibn Idrīs (gest. 684/1285) ist ein ägyptisch-malikitischer Gelehrter, der mehrere umfangreiche Werke zu den islamischen Rechtswissenschaften verfasste. Dazu gehört sein *furūʿ*-Werk, das eine rechtsmethodische Einleitung mit dem Titel *Tanqīḥ al-fuṣūl* hat, die er im Nachhinein selbst kommentierte. Bekannt ist er u. a. für sein Werk *al-Furūq* zu Rechtsprinzipien. Er lehrte eine lange Zeit an Medresen und war in allen vier sunnitischen Rechtsschulen versiert. Zu seinen bekannten Lehrern gehört der Schafiit ʿIzz ad-Dīn ibn ʿAbd as-Salām (gest. 660/1262).

Šihāb ad-Dīn az-Zanǧānī, Abū l-Manāqib Maḥmūd ibn Aḥmad (gest. 656/1258) ist ein schafiitischer Gelehrter aus Bagdad, der an verschiedenen Medresen unterrichtet hat. Er sticht mit seinem Werk hervor, das entsprechend den Rechtsprinzipien bestehende Normen rechtsvergleichend unter Schafiiten und Hanafiten analysiert.

Sirāǧ ad-Dīn Muḥammad Bahrān at-Tamīmī (gest. 957/1550) ist ein jemenitisch-zayditischer Rechtsgelehrter, der zu den großen zayditischen Autoritäten gehört. Er schrieb u. a. rechtswissenschaftliche Werke, die stark rezipiert worden sind.

Sirāǧ ad-Dīn al-Urmawī, Abū ṯ-Ṯanāʾ Maḥmūd ibn Abī Bakr (gest. 682/1283) ist ein schafiitischer Gelehrter aus Aserbaidschan. Er befand sich einige Zeit in Damaskus und in Ägypten, wonach er nach Konya in der heutigen Türkei ging, wo die Rum-Seldschuken herrschten. Dort wurde er zum Kadi, danach zum Oberkadi von Anatolien ernannt. Er schrieb Werke zur Rechtsmethodik und den *furūʿ al-fiqh* sowie zahlreiche philosophische Werke.

aš-Šīrāzī, *siehe* Abū Isḥāq aš-Šīrāzī

Snouck Hurgronje, *siehe* Christiaan Snouck Hurgronje

as-Subkī, *siehe* Tāǧ ad-Dīn as-Subkī

Sufyān [ibn Saʿīd] aṯ-Ṯawrī, Abū ʿAbdallāh (gest. 161/778) gehört zu den vielseitigen Gelehrten, die eine eigene Rechtsschule begründeten. Er wuchs in Kufa auf, begann sein Studium dort und besuchte viele Wissenschaftszentren. Er folgte der irakisch-rationalistischen Tradition und war in den Hadithwissenschaften wie auch der Koranexegese bewandert. Seine Rechtsschule (Ṯawrīya) konnte nicht überdauern.

Sufyān ibn ʿUyayna, Abū Muḥammad (gest. 198/814) ist ein bekannter Hadithwissenschaftler aus Kufa, der in Mekka aufwuchs. Sehr viele Überlieferungen von Ibn Šihāb az-Zuhrī (gest. 124/742) wurden durch ihn tradiert.

Sulaymān (ibn Ṭarḫān) at-Taymī, Abū l-Muʿtamir (gest. 143/761) ist ein allgemein als zuverlässig eingeschätzter Tradent und bekannter Hadithgelehrter aus der Nachfolgergeneration (*tābiʿīn*) aus Basra. Er tradierte von bekannten Gelehrten aus der Nachfolgergeneration, z. B. von al-Ḥasan al-Baṣrī (gest. 110/728).

Sulaymān ibn Yasār, Abū Ayyūb (gest. 107/725) gehört zu den ›Sieben medinensischen Rechtsgelehrten‹ aus der Nachfolgergeneration (*tābiʿūn*). Er hat das medinensische Recht nicht nur durch eigene Rechtsfindung, sondern auch durch präzise Überlieferungen über bekannte Gewohnheiten und Lösungen, über die es einen Konsens gab, geprägt. Er galt auch als vertrauenswürdiger Hadithtradent.

Süleyman I. (gest. 974/1566), auch bekannt als ›Süleyman der Prächtige‹ bzw. ›Qānūnī Sultan Süleyman‹, ist ein osmanischer Sultan, der von 1520 bis 1566 herrschte.

Šurayḥ ibn al-Ḥāriṯ, Abū Umayya (gest. 80/699) ist ein einflussreicher kufischer Rechtsgelehrter aus der Nachfolgergeneration (*tābiʿūn*), der in Kufa als Richter wirkte. Eine Weile lang war er sogar zeitgleich Kadi von Basra. Er gilt als ein vertrauenswürdiger Hadithtradent.

aš-Šūšāwī, *siehe* Abū ʿAlī Ḥusayn aš-Šūšāwī

as-Suyūṭī, *siehe* Ǧalāl ad-Dīn as-Suyūṭī

T/Ṭ/Ṯ

aṭ-Ṭabarī, *siehe* Abū ṭ-Ṭayyib aṭ-Ṭabarī; *siehe* Muḥammad ibn Ǧarīr aṭ-Ṭabarī

aṭ-Ṭabarsī, *siehe* Abū ʿAlī aṭ-Ṭabarsī

at-Taftāzānī, *siehe* Saʿd ad-Dīn at-Taftāzānī

Tāǧ ad-Dīn as-Subkī, Abū Naṣr ʿAbd al-Wahhāb ibn ʿAlī (gest. 771/1370) ist ein einflussreicher schafiitischer Rechtsgelehrter und Biograph aus Kairo, der nach der Ernennung seines Vaters Taqī ad-Dīn ʿAlī ibn ʿAbd al-Kāfī as-Subkī (gest. 756/1355) zum Oberkadi von Damaskus mit diesem dorthin zog. Mit seinem Werk *al-Ašbāh wa-n-naẓāʾir* beeinflusste Tāǧ ad-Dīn die Entstehung der Literatur zu den Rechtsprinzipien nachhaltig. Sein kurzgefasstes *uṣūl*-Werk *Ǧamʿ al-ǧawāmiʿ*, das verschiedene Zugänge in den Rechtsschulen zusammenfasst, wurde mehrfach kommentiert. Tāǧ ad-Dīn as-Subkī kommentierte bereits selbst die unklaren Stellen im *Ǧamʿ al-ǧawāmiʿ*. Er lehrte sowohl in Kairo als auch in Damaskus an verschiedenen Medresen. Später wurde er in Damaskus zum Oberkadi ernannt; vor seiner Ernennung war er bereits Stellvertreter seines Vaters, als dieser noch im Amt war.

Tāǧ aš-Šarīʿa, Abū ʿAbdallāh ʿUmar ibn Ṣadr aš-Šarīʿa ʿUbaydallāh (gest. 709/1309) ist ein hanafitischer Gelehrter aus Buchara. Er ist einer der ersten Kommentatoren des hanafitischen Standardwerkes *al-Hidāya* von Burhān ad-Dīn al-Marġīnānī (gest. 593/1197).

Ṭāhā Ǧābir al-ʿAlwānī (gest. 2016) ist ein vielseitiger Rechtsgelehrter, der insbesondere mit seinen systematischen Schriften zum Minderheiten-*fiqh* (*fiqh al-aqallīyāt*) die zeitgenössischen Debatten um das islamische Recht beeinflusst hat.

aṭ-Ṭaḥāwī, *siehe* Abū Ǧaʿfar aṭ-Ṭaḥāwī

Aṭ-Ṭāhir Ibn ʿĀšūr (gest. 1973) ist ein tunesischer Rechtsgelehrter und Koranexeget, der mit seiner grundlegenden Kritik an den traditionellen *uṣūl al-fiqh* und der Betonung der übergeordneten Ziele (*maqāṣid*) der Scharia neue Ansätze zum islamischen Recht ermöglichte.

Taqī ad-Dīn ʿAlī ibn ʿAbd al-Kāfī as-Subkī, Abū l-Ḥasan (gest. 756/1355) ist ein berühmter ägyptisch-schafiitischer Gelehrter. Er studierte und lehrte in Kairo und zählte zu den wichtigsten Autoritäten. Später wurde er zum Oberrichter in Damaskus ernannt. Dort führte er seine Lehrtätigkeiten fort. Sein Nachfolger als Richter in Damaskus wurde sein Sohn Tāǧ ad-Dīn as-Subkī (gest. 771/1370). Taqī ad-Dīn verstarb in Kairo und wurde dort beigesetzt.

Taqī ad-Dīn Ibn Taymīya (gest. 728/1328) ist ein hanbalitischer Gelehrter aus Harran in der heutigen Türkei, der Werke zu verschiedenen Disziplinen verfasst hat. Er wirkte später im Großraum Damaskus, das als Hochburg der Hanbaliten galt. In der hanbalitischen Rechtsschule sticht er besonders hervor, da er selbstständig Recht finden konnte. Seine methodische Herangehensweise wird als *salafī* bezeichnet, da er sich verstärkt auf die schriftlichen Quellen fokussierte, was aber einen rationalen Zugang nicht ausschließt. Er hat zudem einen besonderen Einfluss auf die moderne salafitische Bewegung.

Taqī ad-Dīn [ibn ʿAbd al-Qadīr] at-Tamīmī (gest. 1010/1601) ist ein hanafitischer Rechtsgelehrter und Biograph aus Gaza. Er studierte in Kairo u. a. beim Hanafiten Ibn Nuǧaym (gest. 970/1563) und wechselte von der schafiitischen zur hanafitischen Rechtsschule. Er wurde unter den Osmanen in Ägypten an verschiedenen Orten zum Kadi ernannt. Eine Zeit lang soll er in Konya gelebt haben, wo er auch als Kadi tätig gewesen zu sein scheint.

Tariq Ramadan (geb. 1962) ist ein Schweizer Islamwissenschaftler. Sein Großvater ist Ḥasan al-Bannā (gest. 1949), der Gründer der Muslimbruderschaft. Ramadan steht für die Idee eines europäischen Islam, wobei er selbst das Wort ›Euroislam‹ vermeidet. In diesem Zusammenhang befasste er sich auch mit der *maqāṣid*-Lehre.

Ṭāškubrīzādeh Aḥmad Efendī (gest. 968/1561) ist ein vielseitiger osmanisch-hanafitischer Gelehrter aus Bursa. Besonders bekannt sind sein biographisches Werk zu hanafitischen Gelehrten und sein Werk zu den Wissenschaften. Er hat zudem Schriften zur Ethik und zur systematischen Theologie verfasst. Nach seinem Studium lehrte er an vielen Medresen in Istanbul; später wurde er zum Kadi in Bursa ernannt. Darauf folgte wieder eine Lehrtätigkeit in Istanbul, woraufhin er in Istanbul zum Kadi ernannt wurde.

aṯ-Ṯawrī, *siehe* Sufyān [ibn Saʿīd] aṯ-Ṯawrī

Ṭāwūs ibn Kaysān, Abū ʿAbd ar-Raḥmān (gest. 106/725) ist ein einflussreicher Rechtsgelehrter und Hadithwissenschaftler aus dem Jemen. Er gehört zu den vornehmsten Schülern von ʿAbdallāh ibn ʿAbbās (gest. 68/687–688) und ist ein vertrauenswürdiger Hadithtradent.

Thomas Bauer (geb. 1961) ist Islamwissenschaftler und Professor für Islamwissenschaft und Arabistik an der Westfälischen-Wilhelms-Universität Münster. Sein Buch *Die Kultur der Ambiguität* genießt seit der Veröffentlichung besondere Aufmerksamkeit.

Tibi, *siehe* Bassam Tibi

At-Timurtāšī, Šihāb ad-Dīn Muḥammad ibn ʿAbdallāh (gest. 1006/1598) ist ein hanafitischer Gelehrter aus Gaza, der bei hanafitischen Gelehrten in Ägypten studierte. Er kehrte in seine Heimat zurück, lehrte an Medresen und erteilte Fatwas. Sein Werk *Tanwīr al-abṣār* gehört zu den wichtigen hanafitischen Werken und wurde vielfach kommentiert.

at-Tirmiḏī, *siehe* Abū ʿĪsā Muḥammad ibn Mūsā at-Tirmiḏī

aṭ-Ṭūfī, *siehe* Naǧm ad-Dīn aṭ-Ṭūfī

aṭ-Ṭūsī, *siehe* Abū Ǧaʿfar Muḥammad ibn al-Ḥasan aṭ-Ṭūsī; *siehe* Naṣīr ad-Dīn aṭ-Ṭūsī

U/ʿU

ʿUbāda ibn aṣ-Ṣāmit (gest. 34/654) ist ein Prophetengefährte, der Zeit seines Lebens auch in politischen Ämtern sowie als Richter tätig war. Er beteiligte sich zudem an den Eroberungskämpfen.

ʿUbaydallāh ibn ʿAbdallāh ibn ʿUtba (gest. 98/716) ist einer der ›Sieben medinensischen Rechtsgelehrten‹ aus der Nachfolgergeneration (*tābiʿūn*), der das medinensische Rechtsverständnis nachhaltig beeinflusst hat.

ʿUbaydallāh ibn al-Ḥasan al-Karḫī (gest. 340/951) ist ein irakisch-hanafitischer Gelehrter, der mit seinen Ansichten zum Recht und den *uṣūl al-fiqh* die hanafitische Systematik mitgestaltete und die irakisch-hanafitische Tradition begründete. Er beschäftigte sich Zeit seines Lebens mit der Ausbildung seiner Schüler.

al-ʿUlaymī, *siehe* Abū l-Yumn al-ʿUlaymī

ʿUmar ibn ʿAbd al-ʿAzīz (gest. 101/720) ist ein umayyadischer Kalif, der von 99–101/717–720 regierte. Unter den umayyadischen Kalifen genießt er in den Kreisen der Gelehrten hohe Anerkennung: Er sei gottesfürchtig und in den religiösen Wissenschaften bewandert gewesen. ʿUmar ibn ʿAbd al-ʿAzīz wird ebenfalls mit dem Zusammentragen und der Kodifikation von Hadithen in Verbindung gebracht: Er sei derjenige gewesen, der Ibn Šihāb az-Zuhrī (gest. 124/742) befahl, diese Aufgabe zu übernehmen.

ʿUmar ibn al-Ḫaṭṭāb (gest. 23/644) gehört zum engsten Kreis des Propheten. Er ist der zweite Kalif (reg. 634–644), den Abū Bakr (gest. 13/634) designierte. ʿUmar beeinflusste insbesondere die Entwicklung des islamischen Rechts durch seine Innovationen und seine rationalistische Haltung. Noch heute wird diese Haltung als Vorbild genannt, um das islamische Recht zu reformieren und dynamisch auszugestalten.

Umm Salama, Hind bint Abī Umayya (gest. 62/681) ist eine der Frauen des Propheten Muhammad. Sie gehört selbst zu den ersten Musliminnen und befand sich unter den Auswanderern nach Abessinien. Sie überlieferte zahlreiche Hadithe vom Propheten.

al-Urmawī, *siehe* Sirāǧ ad-Dīn al-Urmawī

ʿUrwa ibn az-Zubayr [ibn al-ʿAwwām], Abū ʿAbdallāh (gest. 94/713) ist einer der ›Sieben medinensischen Rechtsgelehrten‹ aus der Nachfolgergeneration (*tābiʿūn*). Sein Bruder ist ʿAbdallāh ibn az-Zubayr (gest. 73/692), der gegen die Umayyaden sein eigenes Kalifat ausgerufen hat. ʿUrwa ist bekannt als eine Autorität in der Hadithtradierung und Geschichtsschreibung. Seine Überlieferungen sind in vielen Werken aufbewahrt; er gehört zu den wichtigsten frühislamischen Tradenten und nimmt damit eine bedeutende Rolle für die Forschung zum Frühislam ein.

al-ʿUtbī, *siehe* Muḥammad ibn Aḥmad al-ʿUtbī

ʿUṯmān ibn ʿAffān (gest. 35/656, reg. 644–656) gehört zu den ersten Muslimen und dem engeren Kreis des Propheten Muhammad. ʿUṯmān war ein erfolgreicher Kaufmann der Familie Umayya innerhalb der Quraisch. Er wurde nach ʿUmar ibn al-Ḫaṭṭāb (gest. 23/644) zum dritten Kalifen gewählt. Bekannt sind seine Kanonisierungsbestrebungen des Korans; er habe einen verbindlichen Kodex erstellen, diesen vervielfältigen und in die muslimischen Zentren schicken lassen. Infolge diverser innerer Unruhen wurde er gestürzt und ermordet.

ʿUṯmān ibn ʿAṭāʾ (gest. 155/772) ist ein Hadithtradent, der in Ḫurāsān und Jerusalem lebte. Er gilt als schwacher Tradent.

ʿUṯmān al-Battī (gest. 143/760) ist ein basrischer Gelehrter, der sich u. a. mit dem islamischen Recht befasst hat. Über spätere Quellen lassen sich eigene Zugänge al-Battīs zum Recht rekonstruieren.

al-ʿUthmānī, *siehe* Abū ʿAbdallāh Muḥammad ibn ʿAbd ar-Raḥmān al-ʿUṯmānī

al-Uṭrūš, *siehe* Nāṣir li-l-Ḥaqq al-Ḥasan al-Uṭrūš

al-Usmandī, *siehe* Abū l-Fatḥ ʿAlāʾ ad-Dīn Muḥammad al-Usmandī

V

Victoria (gest. 1901), Königin des Vereinigten Königreichs Großbritannien und Irland, war Königin von 1837 bis 1901.

Vishanoff, *siehe* David R. Vishanoff

W

Wael B. Hallaq (geb. 1955) ist Islamwissenschaftler an der Columbia University in New York. Er gehört zu den führenden zeitgenössischen Forscher:innen im Bereich der islamischen Rechtswissenschaften und publizierte zahlreiche Werke.

Wakīʿ [ibn al-Ǧarrāḥ] (gest. 197/812) ist ein bekannter Hadithwissenschaftler und Rechtsgelehrter, der in Kufa wirkte. Er gilt vor allem im Hadith als eine große Autorität, war aber nicht dagegen, durch *ra'y* Recht zu sprechen.

al-Wanšarīsī, *siehe* Aḥmad ibn Yaḥyā al-Wanšarīsī

al-Wāsiṭī, *siehe* Abū Ḫālid ʿAmr ibn Ḫalid al-Wāsiṭī

Y

Yaḥyā ibn Šaraf an-Nawawī, Abū Zakarīya (gest. 676/1277) ist einer der einflussreichsten schafiitischen Gelehrten aus Syrien, dessen Werke zur Standardliteratur der Schafiiten gehören. Er war zudem ein anerkannter Hadithwissenschaftler, schrieb einen bekannten Kommentar zum *Ṣaḥīḥ Muslim* und kompilierte selbst Hadithe in verschiedenem Umfang. Mit seinen rechtswissenschaftlichen Werken trug er zur Systematisierung der schafiitischen Literatur bei.

Yaḥyā ibn Yaḥyā al-Layṯī (gest. 234/849) ist Schüler von Mālik ibn Anas (gest. 179/795), der das malikitische Gedankengut nach Andalusien brachte. Zugleich ist er ein berühmter Tradent des Werks *al-Muwaṭṭa'* von Mālik, das heute in seiner Rezension mehrfach nachgedruckt worden ist.

Yaʿqūb ibn ʿAbd al-Wahhāb al-Bāḥusayn (gest. 2022) ist ein irakischer Gelehrter, der sich mit den islamischen Rechtswissenschaften (insbesondere *uṣūl al-fiqh*) befasste und diese an verschiedenen Orten lehrte. Seine Arbeiten zu den Rechtsprinzipien stechen besonders hervor.

Yūsuf ibn Aḥmad aṯ-Ṯilāʾī (gest. 832/1428–29) ist ein einflussreicher jemenitisch-zayditischer Rechtsgelehrter und Koranexeget, der auch als Faqīh Yūsuf bekannt ist.

Yūsuf al-Qaraḍāwī (gest. 2022) ist ein prominenter, politisch umstrittener ägyptischer Rechtsgelehrter. Er hat viele Schriften zum islamischen Recht und insbesondere zum Minderheiten-*fiqh* (*fiqh al-aqallīyāt*) verfasst, in denen er – dem traditionellen Recht weitestgehend treu bleibend – neue Wege sucht. Seine weltweit gesendeten Predigten sind nicht nur religiöser, sondern auch politischer Natur und folgen in ihrer Ausprägung der Haltung der Muslimbruderschaft.

Z/Ẓ

Az-Zaʿfarānī, Abū ʿAlī al-Ḥasan ibn Muḥammad (gest. 260/876) ist ein Schüler von aš-Šāfiʿī (gest. 204/820) aus Bagdad, der dessen alte Ansichten (*al-qawl al-qadīm*) aufbewahrte und weitertradierte. In schafiitischen Werken kommt sein Name selten vor, obwohl zu vermuten ist, dass das *al-qawl al-qadīm* überwiegend durch ihn tradiert worden ist.

az-Zamaḫšarī, *siehe* Abū l-Qāsim az-Zamaḫšarī

az-Zanǧānī, *siehe* Šihāb ad-Dīn az-Zanǧānī

az-Zarkašī, *siehe* Badr ad-Dīn az-Zarkašī, *siehe* Šams ad-Dīn az-Zarkašī

Zayd ibn ʿAlī (gest. 122/740) ist Gründer der Zayditen und Sohn von Zayn al-ʿĀbidīn (gest. 95/714). Er war über die Rechtswissenschaften hinaus in diversen Disziplinen eine Autorität und stand in seinen Rechtsauffassungen sowie in seiner Rechtstheorie den Sunniten recht nahe. Von ihnen unterschied er sich jedoch auch so weit, dass sich eine eigene Richtung der Zayditen entwickeln konnte.

Zayd ibn Ṯābit (gest. 45/665) ist ein Prophetengefährte, der insbesondere durch seine Tätigkeit bekannt ist, im Auftrag der ersten Kalifen den Koran zusammengetragen und die Kommission, die den Koran vervielfältigen sollte, geleitet zu haben. Er zählt zu den Gefährten, die Fatwas erteilt haben und als juristische Autoritäten galten.

Zayn al-ʿĀbidīn (ʿAlī ibn al-Ḥusayn, gest. 95/714) ist der vierte Imam der Zwölferschiiten (Imamiten) und der dritte der Ismailiten. Er gehört zur Nachfolgergeneration (*tābiʿūn*), beeinflusste die Schiiten nachhaltig und genießt auch Anerkennung unter Sunniten.

Zayn ad-Dīn Ibn Nuǧaym (gest. 970/1563) ist ein hanafitischer Gelehrter, der unter den ägyptischen Hanafiten seiner Zeit eine große Autorität war. Er befasste sich auch mit der islamischen Mystik. Sein Werk *al-Ašbāh wa-n-naẓāʾir* zu den Rechtsprinzipien wurde für die Kodifikation der osmanischen *Mecelle-i aḥkâm-ı ʿadlīye* berücksichtigt. Ibn Nuǧaym kommentierte das Rechtswerk *Kanz ad-daqāʾiq* des Hanafiten Abū l-Barakāt an-Nasafī (gest. 710/1310). Daneben wurden seine Fatwas zu einer Sammlung zusammengetragen.

Az-Zubayr ibn al-ʿAwwām (gest. 36/656) gehört zu den frühesten Muslimen und ist ein Cousin des Propheten Muhammad. Er soll zu den Offenbarungsschreibern und denjenigen gehören, denen zu ihren Lebzeiten das Paradies verheißen wurde. Es wird berichtet, dass er wenige Hadithe überliefert haben soll, obwohl er Augenzeuge vieler Ereignisse zu Lebzeiten des Propheten wurde. Seine beiden Söhne ʿAbdallāh ibn az-Zubayr (gest. 73/692) und ʿUrwa ibn az-Zubayr (gest. 94/713) spielen beide eine zentrale Rolle für die muslimische Geschichte. Az-Zubayr selbst war nahezu an allen wichtigen Ereignissen der frühislamischen Geschichte beteiligt. Er selbst war nach dem Tode ʿUmar ibn al-Ḫaṭṭābs (gest. 23/644) Anwärter auf das Kalifenamt. Nach der Wahl von ʿAlī ibn Abī Ṭālib (gest. 40/661) zog er gemeinsam mit der Prophetenwitwe ʿĀʾiša bint Abī Bakr (gest. 58/678) gegen ʿAlī in den Krieg (die sogenannte Kamelschlacht). Er schwor zwar ʿAlī seinen Treueeid, wurde aber nach der Schlacht dennoch ermordet.

Zufar ibn Huḏayl (gest. 158/775) ist einer der wichtigsten Schüler Abū Ḥanīfas (gest. 150/767). Entsprechend haben seine Meinungen das hanafitische Recht geformt. Er übernahm gemeinsam mit Abū Yūsuf (gest. 182/798) den Unterricht von Abū Ḥanīfa, als dieser im Jahre 150/767 starb.

az-Zuhrī, *siehe* Ibn Šihāb az-Zuhrī

az-Zurqānī, *siehe* ʿAbd al-Bāqī az-Zurqānī

Mehr Informationen zur Reihe und weitere interessante Titel zur islamischen Theologie finden Sie unter:

WWW.EBVERLAG.DE

ebv
BERLIN

EBVERLAG

Dr. Brandt e.K.
Jägerstraße 47
13595 Berlin

WWW.EBVERLAG.DE

Tel.: 030 | 68977233
Fax: 030 | 91607774
E-Mail: post@ebverlag.de